Wir kleinen Menschenkinder

Singen und Spielen unterm Regenbogen

Text Rolf Krenzer
Musik Detlev Jöcker
Anke Jöcker
Umschlaggestaltung und Illustrationen
Ines Rarisch

Die Lieder dieses Buches sind zusammengefaßt auf der
MusiCassette „Wir kleinen Menschenkinder",
erhältlich im Buchhandel oder beim
Menschenkinder Verlag,
An der Kleimannbrücke 97, 48157 Münster

4. Auflage 1996
Menschenkinder Verlag, 48157 Münster
Alle Rechte vorbehalten. Nachdruck - auch
auszugsweise - nur mit Genehmigung des Verlages.
Druck: Uhl, Radolfzell
Notengrafik: Britta Klövekorn
Satz und Layout: Thomas Nufer
Printed in Germany 1996 ISBN 3-927497-76-2

Zu diesem Buch

Wir kleinen Menschenkinder

Ein unkonventionelles neues Lieder-Bilder-Geschichtenbuch, das sich an junge Eltern und aufgeschlossene ErzieherInnen wendet, die nach neuen Wegen suchen, um mit ihren Kindern religiöse Grunderfahrungen neu und positiv zu erleben. Vierzehn funkelnagelneue elementare Spiellieder und ebensoviele neue Geschichten, Verse und winzige Gebete vom Staunen, Lachen, Liebhaben, Feiern, Träumen und Danken mit ebenso frischen wie frechen Bildern, die religiöses Erleben auf eine ganz neue Art ermöglichen und Kinder sehr ernst und wichtig nehmen.

Die Geschichten in diesem Buch sind so erzählt, wie Kinder sie sich einander erzählen würden. Sicher erscheint Ihnen das beim Lesen zunächst etwas ungewohnt. Sie werden aber feststellen, daß besonders noch recht junge Kinder den Geschichten, die in einer so einfachen Form erzählt werden, gern folgen. Viele in Sätzen vorgestellte Erlebnisse finden in dem sehr oft verwendeten 'hat' einen Abschluß, der dem kindlichen Aufnahmevermögen entspricht
Die stilistisch eingängige Form bewirkt, daß Kinder die Geschichte immer wieder hören wollen und nach kurzer Zeit bereits unaufgefordert lautstark mit- und nachsprechen.

Die Einführung setzt sich kritisch mit dem gegenwärtigen Zustand der Institution Kirche auseinander und zeigt neue Möglichkeiten auch für Eltern auf, die dem, was diese Institution heute noch zu bieten hat, nicht mehr zustimmen wollen und können.

Inhaltsverzeichnis

Zu diesem Buch......3
Wir kleinen Menschenkinder (S.3), Ein Gebet (S.6)
1. Die Gretchenfrage......7
Wie hältst Du's mit der Religion? Wie ist das mit dem Glauben?
2. Mit kleinen Kindern Gottesdienst feiern......18
3. Organisation und Inhalte......24
Wir kleinen Menschenkinder wollen uns im Gottesdienst wohlfühlen (S.26) Wir wollen vom Anfang bis zum Ende wirklich freudig dabei sein (S.26) Wir wollen die Inhalte, die uns angeboten werden, auch begreifen und verstehen (S.27) Wir wollen Geschichten und Bilder erleben - Bilder aus der nächsten Erlebnis und Phantasiewelt - Eindeutige und unverwechselbare symbolträchtige Bilder (S.30) Spiellieder, Spielgeschichten und Lieder als emotionale, lustbetonte immer wiederkehrende Elemente, um Glaubensinhalte erlebbar zu machen (S. 33)
4. Symbolträchtige Bilder, Texte u. Lieder mit kleinen Kindern......36

5. **Wir kleinen Menschenkinder** - *Lieder - Geschichten - Gebete*
1. **Vom Lachen**
   Lied: Das Gott sich daran freut (Jöcker/Krenzer)......42
   Schau mal an, was ich kann (S.44) Familienknoten (S.44) Streicheln Gott freut sich, wenn wir fröhlich sind (S.44) Fragen und viele Antworten (S.45) Geschichte vom Lachen (S.46)

2. **Vom Staunen**
   Lied: Du gibst uns die Sonne (Jöcker/Krenzer)......48
   Was fliegt? Was schwimmt? Und was läuft auf der Erde (S.50) Eine ganz lange Geschichte: Gott hat die ganze Welt erschaffen (S.50) Am Morgen- am Mittag - am Abend (S.51) Die Mutter betet/Der Vater betet (S.52) Geschichte vom Staunen (S.53)

3. **Vom Beten**
   Lied: Ich falte meine Hände (Jöcker/Krenzer)......55
   Ich bete mit meinem Kind (S.56) Wir beten zusammen (S.57) Unser Kind betet (S.57) Wiegegebet (S.57) Geschichte vom Beten (S.58)

4. **Vom klein sein und groß werden**
   Lied: Die Großen und die Kleinen (Jöcker/Krenzer)......60
   Der Vater/die Mutter betet (S.61) Wir beten zusammen (S.63) Ich habe ein Bild gemalt (S.63) Geschichte vom klein und groß sein (S.65)

5. **Vom Suchen und Finden**
   Lied: Das Lied vom verlorenen Schäfchen (Jöcker/Krenzer)......67
   Heiß oder kalt? (S.69) Vertrauen (S.69) Kuschelgebet (S.69) Wenn ich mal fort bin (S.70) Geschichte vom Suchen und Finden (S.71)

6. Vom Feiern
Lied: Schön wird das Fest (Jöcker/Krenzer) 73
Die Mutter betet/Der Vater betet (S.74) Das Kind betet (S.75) Wenn das schöne Fest beginnt (S.75) Geburtstagswunsch (S.75) Glückwünsche (S.76) Nach dem Fest (S.76) Geschichte vom Feiern (S.77)

7. Vom Liebhaben
Lied: Wie groß ist Gottes Liebe (Jöcker/Krenzer) 79
Du, deine Liebe ist so groß (S.80) Kinderpsalm (S.81) Das Kind fragt (S.81) Geschichte vom Liebhaben (S.82)

8. Vom Geborgensein
Lied: Ich breite meine Arme aus (Jöcker/Krenzer) 84-85
Wo wir auch stehn (S.85) Weich und warm ist Muttis Arm (S.86) Schaukelboot (S.86) Mutti, hast du Zeit für mich? (S.86) Geschichte vom Geborgensein (S.87)

9. Vom Wichtignehmen und Wichtigsein
Lied: Ja, wir Kleinen (Jöcker/Krenzer) 90
Die Mutter betet/Der Vater betet (S.92) Kindergebete (S.93) Weil ich dir vertraue (S.93) Geschichte vom Wichtignehmen und Wichtigsein (S.94)

10. Vom Danken
Lied: Guter Gott, drum danken wir (Jöcker/Krenzer) 96
Zum Kuscheln und Wohlfühlen (S.97) Weil Mama immer bei mir ist (S.97) Abendgebet (S.97) Dank (S.98) Gott ist immer da (S.98) Geschichte vom Danken (S.99)

11. Vom Angsthaben
Lied: Hab keine Angst (Jöcker/Krenzer) 102
Deine Angst (S.103) Hast du manchmal Angst? (S.104) Lenchen, Irenchen (S.104) Das Kind betet (S.104) Geschichte vom Angsthaben (S.105)

12. Vom Singen und Tanzen
Lied: Singen unterm Regenbogen (Jöcker/Krenzer) 109
Warum? (S.109) Gott loben (S.109) Ein bunter Regenbogen (S.110) Ein Kind lacht (S.110) Zuerst das Meer (S.110) Geschichte vom Singen (S.111)

13. Vom Träumen
Lied: Gebt den Kindern ihren Platz (Jöcker/Krenzer) 114-115
Soviel Kinder auf der Welt (S.116) Draußen regnet es (S.116) Die Mutter betet/Der Vater betet (S.116) Jeden Tag (S.116) Bei uns zu Haus (S.117) Mein Platz (S.117) Aneinander kuscheln (S.117) Geschichte vom Träumen (S.118)

14. Vom Glauben
Lied: Wir kleinen Menschenkinder (Jöcker/Krenzer) 121-122
Guter Gott, du liebst alle Kinder (S.123) Noch ein kleines Schwätzchen (S.123) Es leuchten Mond und Sterne (S.123) Vom Glauben (S.123) Geschichte vom Glauben (S.123) **Lied: Viele kleine Leute** (S.126)

***Jesus, hilf uns allen,
daß die Kirche wieder zu deiner Kirche wird***

*Jesus, hilf uns allen,
daß die Kirche wieder zu deiner Kirche wird,
in der es keine besondere Rolle spielt,
ob man groß oder klein,
alt oder jung, männlich oder weiblich ist,
sondern in der alle fröhlich und liebevoll
miteinander umgehen
und glücklich zusammen sind,
miteinander leben und sich liebhaben,
weil du, Jesus, selbst mitten unter uns bist.*

*Jesus, in deiner Kirche ist vieles nicht gut.
Jesus, in deiner Kirche ist es oft langweilig und traurig.
Manchmal denke ich, du bist gar nicht dort.
Du hast doch gesagt, daß wir Kinder zu dir kommen sollen.
Du hast mit den Kindern gelacht,
aber in der Kirche ist lachen verboten.
Immer müssen wir still sein.
Du hast alle gleich lieb, die Frauen und die Männer.
Aber in der Kirche haben nur die Männer etwas zu sagen,
besonders die alten.
Schade, meine Mutti weiß auch so viel von dir.*

*Jesus, deine Kirche ist oft sehr leer.
Liegt es daran, daß so viele dich dort nicht mehr finden?
Jesus, nimm uns alle wieder an die Hand
und sage es uns allen noch einmal ganz deutlich,
wie sehr du uns liebst.
Wie froh wir sein dürfen und daß deine Botschaft
die fröhlichste und schönste ist,
die uns Gott nur geben kann.*

*Jesus, hilf uns allen, daß wir wieder in deine Kirche finden.
Hilf, daß keiner ausgestoßen wird
oder sich ausgestoßen fühlt.*

1. Die Gretchenfrage: Wie hältst Du's mit der Religion? Wie ist das mit dem Glauben?

Wenn Sie sich mit diesem Buch befassen, vielleicht sogar mit ihm arbeiten wollen, dann bitte ich Sie zu bedenken, daß der Autor weder Priester einer Kirche ist, noch irgendein Kirchenamt bekleidet, das ihn von Anfang an in ein Abhängigkeitsverhältnis stellt und unter Umständen bestimmte Aussagen und Thesen von vornherein verbietet, oder zum Thema heftigster Auseinandersetzungen macht, die bis zu einem Ausschluß aus dem Priester bzw. Kirchenamt führen könnten.
Trotzdem ist der Autor "Insider", das heißt zunächst einmal immer noch kirchensteuerzahlendes und deshalb immer stärker grollendes und unzufriedenes Mitglied der evangelischen Kirche.
Die Mitgliedschaft in der evangelischen Kirche geschah willkürlich, weil meine Eltern evangelisch waren und, weil es in meiner Säuglingszeit gar keine andere Alternative gab, sie sich gezwungen sahen, mich evangelisch taufen zu lassen. Sie haben wohl auch gar nicht weiter darüber nachgedacht.
Wer hat das damals schon?
Wären meine Eltern katholisch gewesen, wäre ich heute katholischer Christ, wobei ich nicht weiß, was besser wäre.
In der Zeit zwischen Konfirmation und Abitur habe ich Sonntag für Sonntag als ehrenamtlicher „Kindergottesdiensthelfer", eigentlich mit viel Freude an dieser Aufgabe, gearbeitet. Die Arbeit bestand in einer jeweils freitags von einem Pfarrer geleiteten eineinhalbstündigen Vorbereitungszeit mit der ganzen Helfergruppe (es waren damals etwa zwölf Helfer bei rund zweihundertfünfzig Kindern, die überwiegend regelmäßig zum Gottesdienst kamen) und der Leitung einer im Durchschnitt 30 bis 35 Kinder starken Gruppe jeweils im Kindergottesdienst sonntags von 11.00 bis 12.00 Uhr.
Die Vorbereitungsabende waren rückblickend meist langatmig, ermüdend und wenig hilfreich und arteten fast immer in langweilige Bibelarbeiten aus, bei denen man das Ende herbeisehnte.
Daß ich an diesen Freitagabenden teilnahm, hatte drei Gründe:
Zum einen hätte ich nicht die Erlaubnis erhalten, ohne diese Vorbereitungsabende an den darauffolgenden Sonntagen eine Gruppe im Kindergottesdienst zu bekommen.
Zum zweiten wurden wir moralisch unter Druck gesetzt, hieran ja teilzunehmen, und ich war eigentlich damals viel zu feige oder zu naiv, um mich dagegen aufzulehnen.
Der dritte Grund aber war - warum sollte ich das verschweigen - daß es sich bei den Kindergottesdiensthelfern ja um junge Leute beiderlei Geschlechts handelte und Flirt, Begegnung und dem Heimweg danach

mit einer Angebeteten, die langweiligen vorausgegangenen Stunden fast immer wettmachten.

Der Kindergottesdienst selbst aber machte mir ungetrübte Freude. Sicher lag es daran, daß die Kinder freiwillig und gern kamen, weil hier ein echter Gegensatz zu der damals noch sehr mit Ängsten und Zwängen behafteten Schule bestand. Zwischen den Helfern spielte sich oft außerdem ein - niemals nach außen getragener und oft überhaupt von außen nicht erkennbarer Konkurrenzkampf ab. Es streichelt schon die Seele, wenn man plötzlich in seiner Gruppe statt dreißig mehr als fünfzig Kinder sitzen hatte, die sich weigerten, zu einem anderen in die Gruppe zu gehen, weil sie ja höchst freiwillig an diesem Sonntag nur wegen mir gekommen waren.

Im Sommer und vor Weihnachten steigerte sich die Besucherzahl der Kindergottesdienste, die regelmäßig nach dem Hauptgottesdienst, zu dessen Besuch der Kindergottesdiensthelfer ebenfalls moralisch verpflichtet war, angeboten wurden. Im Sommer lag es daran, daß regelmäßig vom Kindergottesdienst aus auf einem großen Wald- und Feldgelände außerhalb der Stadt ein Sommerfest angeboten wurde, das für die Kinder einer Kleinstadt, die sonst Kindern nur sehr wenig zu bieten hatte, das sommerliche Ereignis schlechthin darstellte.

Sackhüpfen, Kasperletheater, Spiele mit Preisen, Würstchen mit Brötchen, Kuchen und die damals gerade über den großen Teich aus den USA herübergeschwappte klebrigsüße Cola, waren unbedingte Höhepunkte und bildeten noch die Gesprächs- und Erinnerungsinhalte der folgenden Wochen.

Selbstverständlich nahm an diesem Sommerfest die ganze Familie einschließlich Großeltern und sonstiger Bekannter und Verwandter teil.

Ebenso wichtig, vielleicht sogar noch wichtiger war die Weihnachtsfeier des Kindergottesdienstes in der total überfüllten Stadtkirche mit Krippenspiel und einem - in den meisten Jahren sehr ansprechenden und gar nicht so billigen - Weihnachtsgeschenk, das man in jedem Fall bereits dann schon bekam, wenn man wenigstens die drei oder vier letzten Sonntage vor dieser Weihnachtsfeier regelmäßig zum Kinder-

gottesdienst gekommen war.
Kirche war also damals für Kinder "in".

Während meines Studiums des Lehramtes für Grund- Haupt und Realschulen erwarb ich damals die „Fakultas", nämlich die Erlaubnis mit dem Segen der evangelischen Kirche, evangelischen Religionsunterricht in allen Klassen zu erteilen.
Diese Erlaubnis wäre mir später unter Umständen entzogen worden, wenn ich, Gott behüte, eine katholische Frau oder gar eine Buddhistin geheiratet hätte.
Doch die Vorfahren meiner Frau hatten unter Gottes Führung weise vorgesorgt, so daß unsere Heirat meiner Erlaubnis, evangelischen Religionsunterricht zu erteilen, nichts im Wege stand.

Der Großvater meiner Frau (polnisch-deutscher Katholik) wagte es, in Berlin eine evangelische Frau zu ehelichen und wurde prompt enterbt und verstoßen.
Erst im hohen Alter ist er noch einmal in seiner Heimat gewesen und hat einige nähere Verwandte wiedergesehen. (Vielleicht besteht diese Gnade des hohen Alters ja auch später für einige, die im Augenblick unter ähnlichen Voraussetzungen verstoßen wurden).
Meine Schwiegermutter wurde darauf evangelisch getauft und heiratete später einen Katholiken. Weil es üblich war, zur Konfirmation zu gehen, ging meine Frau dann mit ihren Klassenkameraden (alle waren zufällig evangelisch) zur Konfirmandenstunde, um dort erstaunt festzustellen, daß sie überhaupt noch nicht getauft war. Weil der Pfarrer so nett war und die Klassenkameraden ja auch alle zur Konfirmation gingen, ließ sie sich mit Einverständnis ihrer Eltern damals am Konfirmationstag taufen (für sie war es ein Spießrutenlaufen, urteilt sie heute) und gleich danach konfirmieren. Wenn sie schon einmal beim Taufen waren, meinten meine Schwiegereltern damals, sollte der um zwei Jahre jüngere Bruder dann auch gleich mitgetauft werden.
Und so heiratete ich dann eine zufällig evangelische Frau, die inzwischen ebenfalls die Fakultas zur Erteilung evangelischen Religionsunterrichtes erworben hat.

Nach meinem Studium übernahm ich wieder ehrenamtlich die Leitung einer evangelischen „Laienspielgruppe", die im folgenden Jahr bereits begann, sich im Kirchenkabarett unter dem Namen „Dillenburger Kirchenmäuse" zu versuchen und sich über zwölf Jahre in der Szene behauptete. Allerdings war aus der evangelischen bereits nach kurzer Zeit eine ökumenische Jugendgruppe geworden, und das hat alle

Mitglieder dieser Gruppe und mich selbst entscheidend für unser späteres Leben und Zusammenleben geprägt.
In dieser Zeit begann ich, mich immer kritischer mit dem auseinanderzusetzen, was mir als christliches Gemeindeleben vorgeführt wurde.
Und hier gab es die Möglichkeit, Ärgernisse und sonstige Absonderlichkeiten in Songs und Szenen kritisch einem sehr aufmerksamen Publikum vorzusetzen, dem ähnliches ebenfalls aufgestoßen war, ohne daß bereits die Zeit der Kirchenaustritte begonnen hatte.
Jeder denkende Mensch ist daran gewöhnt, dann, wenn er etwas nicht versteht, die Frage nach dem **Warum** zu stellen. Ging es nun um Fragen zum Bibelverständnis usw. , mußte ich erfahren, daß ich auf meine Frage **keine** oder nur eine so verschwommene Antwort erhielt, daß mir diese nicht weiterhalf.

Schlimmer noch - und hier kommt etwas zum Ausdruck, was mich immer verletzt und geärgert hat -, es wurde mir von dem jeweiligen Fachmann statt einer erwarteten Antwort die Belehrung gegeben: „Das ist falsch gefragt!" Ich kam also nur deshalb, weil ich etwas näher wissen wollte, auf die Eselsbank. Ich war somit einfach zu dumm, um die richtige Frage zu stellen.
Dabei waren meine Fragen nach einem gewissen Bibelverständnis und nach anderen mir seltsam und nicht überzeugend erscheinenden Aussagen zum Beispiel im Glaubensbekenntnis, das, was wir ja jeden Sonntag herunterplappern mußten, wirklich ehrlich und relevant.

Ich erinnere mich an meine öfter gestellte Frage zu 1.Samuel 24, 4.
Saul ist hinter David her, ist ihm fast auf den Fersen, da sucht er eine Höhle auf, um sich dort zum Schlafen hinzulegen, während sein Heer vor der Höhle auf ihn wartet. Es folgt dann die berühmte Geschichte, daß David an Saul heranschleicht und ihm unbemerkt ein Stück seines Gewandes abschneidet.
„Es ist doch überhaupt nicht logisch, daß sich Saul zu einem solchen Zeitpunkt zum Schlafen hinlegt!" hatte ich bemerkt, und war mit den Worten der Luther-Übersetzung geschlagen worden.
Erst viel später kam ich dann dahinter, daß ganze Theologengenerationen beider großer Kirchen einem Übersetzungsfehler aufgesessen waren. Man hatte gemeint, daß dann, wenn im Urtext davon die Rede war, daß ein Mensch die Beine unter sich genommen hätte, hier nichts anderes als das Schlafen gemeint sein könnte.
Irrtum! Saul ging allein in die Höhle, um dort seine Notdurft zu verrichten.
Genau so war es. Und mit der richtigen Übersetzung wurde die

Geschichte plötzlich auch logisch, der Vorgang selbst für Saul noch peinlicher. Auch unser Hinweis darauf, daß kein Kamel jemals durch ein Nadelöhr geht und daß der in der Bibel gegebene Vergleich nicht paßt, fand nur taube und schon nur für unsere Frage verständnislose Ohren. Viel später erfuhr ich, daß ein Wort, nämlich dickes Seil oder Tau, schlicht falsch mit dem Wort „Kamel" übersetzt worden war und immer so von Generation zu Generation weitergegeben wurde.
Antworten waren nur spärlich zu erhalten, so daß unsere Frage fast immer „falsch gefragt" war, auch dann, wenn es sich um die Jungfrauengeburt, um die Geschwister Jesu oder um die vielleicht homoerotische Liebesbeziehung des Lieblingsjüngers Johannes zu seinem Herrn handelte. So etwas durfte man nicht einmal denken, geschweige denn noch fragen! Ebenfalls war die Frage, wo die Frauen damals gewesen waren und ob die Jüngerschaft Jesu eine reine Männersippschaft war, wieder einmal im Ansatz bereits falsch gestellt.
Neue Bibelausgaben, bessere Übersetzungen, besonders der Umgang mit der „Guten Nachricht", der Bibel im heutigen Deutsch, machten das, was ich unbefriedigt und als nicht mehr relevant zur Seite gelegt hatte, plötzlich wieder hier aktuell und interessant, auch im Hinblick auf meine Vorbereitung des Religionsunterrichts.
Nach einem weiteren Studium hatte ich den Unterricht an einer Schule für geistig Behinderte aufgenommen und merkte sehr bald, daß ich hier an einen Punkt gekommen war, wo nichts mehr von dem paßte, was ich bisher unter dem Begriff „religiöse Erziehung" verstanden hatte. Ich mußte in viel einfacherer Form, in elementarer Weise diesen jungen Menschen den Zugang zum Gottesdienst und zu den Inhalten unseres Glaubens ermöglichen.
Elementares praktisches Tun im Gottesdienst lernte ich in dieser Zeit dann ganz intensiv und für mich völlig überzeugend in der katholischen Praxis kennen.
„Schmeckt und riecht, wie freundlich der Herr ist...!" Das Erleben eines Gottesdienstes mit allen Sinnen: im evangelischen Gottesdienst war niemals etwas davon zu spüren gewesen. Hier erfuhr ich am lebendigen Tun, was es heißt, daß der Gottesdienst ein Fest sein kann und darf, daß er für jeden, der daran teilnimmt, zu einem Fest werden sollte.
Ich begann damit, Texte für ganz einfache Lieder zu schreiben, die

hier ohne alle Vorkenntnisse von denen eingesetzt werden konnten, die mit geistig behinderten Kindern oder Erwachenen einen solchen lebendigen Gottesdienst gestalten wollten, weitab von dem, was sonst unter Gottesdienst verstanden wurde und nach und nach die Menschen aus der Kirche trieb.

Meine Veröffentlichungen bewirkten, daß ich immer häufiger - zunächst von katholischer, dann etwas später von evangelischer Seite zur Gestaltung und Mitgestaltung von Familiengottesdiensten und Kindergottesdiensten und Kindermessen eingeladen wurde. Eingeladen von jungen Familien, die nach neuen Wegen suchten, um mit ihren Kindern gemeinsam Gottesdienst zu feiern. Die Initiative ging in den allermeisten Fällen von den Müttern aus. Besonders im Bereich des KAB stieß ich auf viele junge Familien, die Ansätze aus Katholiken- und Kirchentagen in ihren eigenen Gemeinden verwirklichen wollten.

Hinzu kam eine Reihe junger aufgeschlossener Erzieherinnen, die von ihren Dienstherren (Pfarrer/Kirche) gezwungen wurden, neben ihrer Arbeit im Kindergarten auch noch am Sonntag im Kindergottesdienst mitzuarbeiten.

Eine mehr als fragwürdige Praxis zahlreicher Pfarrherren, die bis heute noch in gleicher Weise durchgeführt wird. (Kein Mensch käme auf die Idee, einen Lehrer sonntags noch unentgeltlich für den Kindergottesdienst zu verpflichten). Aber die Kirche hat es sich schon immer dort leicht gemacht, wo ihr die Menschen abhängig und deshalb am gefügigsten waren.

Wer an solchen Familiengottesdiensten teilnahm, trug die Ideen weiter. Dabei kam es oft zu Schwierigkeiten in den eigenen Gemeinden. Viele lebendige Ansätze wurden von Pfarrern und Pfarrgemeinderäten oder Kirchenvorständen bereits vor ihrer Verwirklichung zu Fall gebracht. Ein Teil wollte die herkömmliche Gottesdienstform in jedem Fall bewahren, andere waren zu wenig beweglich, zu konservativ und zu starr, um sich in ein solches kreatives Wagnis einzulassen. Es gab auch Pfarrer, die so etwas schlichtweg untersagten.

Da fast alle dieser neuen mit allen gestalteten Gottesdienste die Okumene einschlossen oder zumindest begünstigten, tat die Hierarchie der katholischen Kirche noch ein übriges, um dem entgegenzuwirken. Zugängliche und für diese Sache engagierte junge Priester wurden versetzt, undurchschaubare Verbote ausgesprochen bis hin zum Verbot des gottesdienstlichen Raumes.

Doch die Zeit hat für die neu entdeckten Möglichkeiten gearbeitet.

Es begann damit, daß Macht und Machtbefugnis der Kirche immer mehr hinterfragt wurden und immer neue Fragen und Probleme mit dieser Kirche aufwarfen und in aller Öffentlichkeit und in den Medien diskutiert wurden:
- die ungerechtfertigte Kirchensteuerzahlung und der dadurch ebenso ungerechtfertigte Reichtum der Kirche
- das immer transparenter werdende Ringen um Macht und Geld und direkten Einfluß in Beschlüsse der Bundesregierung
- die unglückselige Vermischung von Geld- und Machtgier und Ausbeutung in den Dritte-Welt-Ländern verbunden mit einer unerträglichen Überheblichkeit der Amtskirche
- die Bevormundung des Menschen und das Hineindrohen und -reden in Situationen, die die Amtskirche nichts angeht
- die Unterdrückung der Frauen und Kinder

bis hin zu Maßregelungen der von ihr Abhängigen, zur scheinheiligen Praxis im Hinblick auf Kinder und Frauen von Priestern und dem Beharren auf selbsterfundenen und selbsterlassenen Dogmen, die ausschließlich dem Erhalt der eigenen Macht, aber niemals dem Evangelium und dem Auftrag Christi dienlich und nützlich sind, vielmehr direkt dagegen wirken.

Der Umgang mit dem Kirchenmann Drewermann, der das auszusprechen wagte und öffentlich machte, was in vielen Punkten inzwischen allgemeines Gedankengut ist, wenn auch die Kirche auf längst überholten Lehrthesen erstarrt ist, macht nur überdeutlich, wie wenig Liebe in dieser Institution noch vorhanden ist, die in der Nachfolge Jesu zu stehen meint und dies nach wie vor vorgibt.
Eine Beharrlichkeit, Sturheit und Überheblichkeit, die immer mehr Christen an der Kirche verzweifeln läßt und sie, weil sie sich hier nicht mehr geborgen fühlen, zum Austritt bringt.
Es ist kein Geheimnis, daß diese menschenverachtende Haltung zur Tragödie für die Kirche wurde und ungezählte Kirchenaustritte nach sich zog.

Nun ist es ein völliger Trugschluß, daß derjenige, der seiner Kirche den Rücken kehrt, nicht mehr religiös ist, nicht mehr an Christus glaubt. Er hat die Erfahrung gemacht, daß Mitgliedschaft bei einer Kirche nicht unbedingt identisch mit dem Glauben sein kann oder muß. Vielmehr wird Glaube da lebendig, „wo zwei oder drei in Christi Namen zusammen sind".
Die Lebendigkeit des Glaubens kann also weder von vorgesetzten

Institutionen noch von irgendwelchen Lehrplänen oder Dogmen bewirkt werden, sondern allein von der Bereitschaft des einzelnen, sich Gott anzuvertrauen, ihn zu lieben und auf eine ihm mögliche Weise kreativ handelnd an einem gemeindlichen Zusammenleben und -feiern aktiv beizutragen.
Wenn hier an das Konzept des Priestertums aller Gläubigen gedacht wird, so schließt dies auch die Kinder mit ein.

Ärger mit der Institution Kirche, mag diese Institution nun evangelisch oder katholisch sein, kann und wird eigene Initiativen bewirken.
Die eine Initiative ist Austritt aus diesem Verein. Man hat dabei die Genugtuung, daß damit auch die eigene finanzielle Unterstützung dieser so nicht gewollten Machtposition entfällt.
Ich unterstelle, daß diese Initiative manch einem schwer, sehr schwer fällt und lange von ihm hinausgezögert wird, bis es zu dem endgültigen Entschluß und auch der tatsächlichen Verwirklichung dieses Entschlusses kommt. Zunächst hat ein solcher Entschluß etwas Endgültiges, Unwiderrufbares.
Die andere Initiative, nämlich dabeibleiben, wirkt zunächst einfacher, ist aber auf Dauer weitaus anstrengender, zeitaufwendiger und kraftraubender. Äußerlich gesehen: Man ärgert sich blau über die ungerechtfertigte und sehr hohe Kirchensteuer.....und zahlt sie zähneknirschend Monat für Monat weiter. Man sagt sich mindestens ein- bis zweimal monatlich, daß es doch besser und gescheiter wäre, jetzt endlich auszutreten.
Inhaltlich aber bedeutet es, den Kampf gegen all das aufzunehmen, was nicht auf dem Boden des Evangeliums steht. Unmöglich? Nein! Sehr bald wird man dahinterkommen, daß man ganz und gar nicht alleine steht. In Gesprächen wird plötzlich deutlich, daß es eine ganze Reihe sympathischer Menschen gibt, die ähnlich oder genauso denken... und ihr Teil zu tun bereit sind.
Es gibt sogar eine Zeitschrift, die wirklich die Fragen und Probleme aufgreift, die mich tangieren, „Publik Forum".*
Dabei muß jeder so weise sein, daß er nicht damit beginnen will, jetzt und hier alles ändern zu wollen, abzuschaffen und neu einzuführen. Das ist ein Kampf gegen Windmühlenflügel.
Aber an einem winzigen Punkt einsetzen, dich dort aktiv und kreativ einbringen, das kann ein Anfang sein. Es ist ein Anfang, der berechtigte Hoffnung auf Erfolg hat. Jeder sollte diesen Anfang dort finden, wo er sich relativ sicher fühlt.

Ich setze meinen Anfang dort, wo es darum geht, eine starke und lebendige junge Gemeinde aufzubauen, in der Kinder, Frauen und

* „Publik Forum" erscheint vierzehntägig. Bezugsquelle: Publik Forum, Verlagsgesellschaft mbH, Postfach 2010, 6370 Oberursel

Männer gleichberechtigte und gleichwertige Partner sind.
Und da gibt es viel zu tun. Sehr viel!

Ich setzte meine Arbeitskraft also dort ein, wo es darum geht, Kinder zu Gott zu führen, sie einen ihren Möglichkeiten entsprechenden Gottesdienst erleben und erfahren zu lassen, allein zu Gottes und ihrer Freude, ohne sie dabei zu bedrängen und zu beschneiden.
Positive Grunderfahrungen und -erlebnisse wirken weiter, wenn diese Kinder älter werden. Sie können bewirken, daß es diese Kinder einmal sind, die als Erwachsene verkrusteten Gottesdiensten neue Impulse geben und das, was sich heute leider vielfach Gemeinde nennt (eine Aufreihung von menschlichen Kühlschränken in frontal ausgerichteten Kirchenbänken) aufbrechen und wirklich neu beleben, so daß es einmal doch zu der vielzitierten und so selten erreichten „lebendigen Gemeinde" kommen kann.
Darauf hoffe ich und daran glaube ich.
Ich fühle mich geborgen in der katholischen ebenso wie in der evangelischen Gemeinde.
Und diese Geborgenheit und Hoffnung schließt bereits die allerkleinsten Menschenkinder in der Gemeinde mit ein.
Diese Kinder sind es, die im Mittelpunkt der folgenden Seiten stehen. Krabbelkinder, die noch nicht still sitzen und immer still sein können, Kinder, die kreischen, weinen und laut lachen, die tanzen und sich auf den Boden werfen...und das alles mitten im Gottesdienst.
Wie man sie auch nennen mag, Krabbelgottesdienste, Minigottesdienste oder Kleinkindergottesdienste, sie beinhalten konsequent und völlig

zu Recht das Wort „Gottesdienst" in seiner ganzen Bedeutung. Wenn wir die Kinder ernst nehmen, dann nehmen wir auch diesen Gottesdienst ernst, den Gottesdienst mit ihnen.

Das erfordert ein Nachdenken über uns selbst und unser Verständnis. Er erfordert ein Besinnen auf das, was Kinder brauchen und was wir ihnen zugestehen.
Vielleicht kann uns ein Vorschlag der evanglisch-methodistischen Kirche in England helfen:

Charta für die Kinder in der Kirche

1. Kinder sind im Leben der Kirche gleichwertige Partner der Erwachsenen.

2. Am christlichen Gottesdienst in seiner Gesamtheit können alle teilnehmen, Erwachsene ebenso wie Kinder.

3. Der Aspekt des Lernens betrifft die ganze Kirche, die Kinder und die Erwachsenen.

4. Alle gehören der Gemeinschaft an - jeder einzelne ist von Bedeutung für die gesamte Gemeinschaft.

5. Sowohl Kinder als auch Erwachsene sollen im Dienst Gottes stehen.

6. Der Missionsauftrag ergeht an alle Menschen Gottes gleich welcher Altersstufe.

7. Die Kraft des Heiligen Geistes spricht sowohl durch Kinder als auch durch Erwachsene.

8. Es ist eine der wichtigsten Aufgaben der Kirche, die in Kindern und Erwachsenen vorhandenen Gaben zu entdecken und zu entwickeln.

9. Wir müssen es als kirchliche Gemeinschaft lernen, wirklich nur das in getrennten Altersgruppen zu machen, was wir allen Ernstes nicht gemeinsam machen können.

10. Das Konzept des Priestertums aller Gläubigen schließt die Kinder ein.

Mir fällt dazu eine uralte Spruchweisheit ein, die Detlev Jöcker zu einem seiner schönsten Kanons vertont hat:
Viele kleine Leute
an vielen kleinen Orten,
die viele kleine Schritte tun,
können das Gesicht der Welt verändern. *(siehe Lied S.126)*

2. Mit kleinen Kindern Gottesdienst feiern

Als Jesus mit seinen Jüngern unterwegs war, kamen Leute und brachten ihre Kinder zu ihm, damit er ihnen die Hände auflege und für sie bete, aber die Jünger wiesen sie ab.
Als Jesus das bemerkte, wurde er zornig und sagte zu seinen Jüngern: „Laßt die Kinder in Ruhe! Laßt die Kinder doch zu mir kommen und hindert sie nicht, denn gerade für Menschen wie sie steht Gottes neue Welt offen.
Täuscht euch nicht: Wer sich der Liebe Gottes nicht öffnet wie ein Kind, wird sie niemals erfahren!"
Dann nahm er die Kinder in die Arme, legte ihnen die Hände auf und segnete sie.

Diese Geschichte erscheint den frühen Christen so wichtig, daß sie gleich von drei Evangelisten in sehr ähnlichem Wortlaut wiedergegeben wird (Markus 10, 13-16; Mattäus 9, 13-15; Lukas 18, 15-17).
Zum Vergleich: Die heutzutage wohl auch bei Nichtchristen bekannteste Geschichte, die Weihnachtsgeschichte mit Christi Geburt im Stall und der Verkündigung der Hirten, wird nur von einem einzigen Evangelisten erzählt (Lukas 2, 1 - 20), die Geschichte von den Sterndeutern und dann die Flucht nach Ägypten auch nur von einem (Mattäus 2, 1 - 18).

Es gibt noch eine zweite Aussage Jesu, die ebenfalls wegen ihrer Wichtigkeit wieder von allen drei Evangelisten aufgeschrieben wurde: Als sich die Jünger darum stritten, wer von ihnen der Bedeutendste wäre (dieser Streit wird ja bis heute weitergeführt), winkt Jesus ein Kind heran und sagt:
„Wer solch ein Kind in meinem Namen aufnimmt, der nimmt mich auf. Und wer mich aufnimmt, der nimmt nicht nur mich auf, sondern gleichzeitig den, der mich gesandt hat."(Mattäus 18, 1 - 5; Markus 9, 33 - 37; Lukas 9, 46 - 48).

Und Jesus wird noch deutlicher: „Ich versichere euch, wenn ihr euch nicht ändert und den Kindern gleich werdet, dann könnt ihr in Gottes Welt überhaupt nicht hineinkommen."
Und noch:„Wer auch nur einen von diesen Kleinen, der mir vertraut, an mir irre werden läßt, der käme noch gut weg, wenn man ihn mit einem Mühlstein um den Hals ins Meer werfen würde. Es steht schlimm mit dieser Welt, weil es in ihr Dinge gibt, durch die Menschen das Vertrauen zu Gott verlieren können. Das ist wohl unvermeidlich; aber wehe dem, der daran mitschuldig wird!" (Mattäus 18, 6 - 7; Markus 9, 42; Lukas 17, 1 - 2)

Jesus weiß, warum er sich direkt an seine engste Gefolgschaft richtet, wenn er sagt: „Seid wachsam gegen euch selbst!"

Der Eindruck täuscht doch wohl nicht, daß diese ernste Mahnung Jesu von den Institutionen, die sich als seine legitimen Jünger in der Nachfolge betrachten, bis heute nicht begriffen, geschweige denn praktiziert wird. Die Wachsamkeit wird lieber und dann auch mit aller Konsequenz im Blick auf andere geübt.
Wichtig ist aber zu wissen, daß Jesu mit dem liebevollen Begriff „meine Kleinen" (Mattäus 10, 42) gelegentlich auch seine Jünger gemeint hat.

Noch eine dritte Situation mit Jesus und den Kindern wird von Mattäus, (Mattäus 21, 15 - 16) geschildert:
Als Jesus die Händler aus dem Tempel gejagt hat und dort Blinde und Gelähmte heilt, sind die führenden Priester und Gesetzeslehrer wütend über die Wunder, die sie sehen. Sie ärgern sich aber auch darüber, daß **die Kinder** im Tempel laut rufen: „Heil dem Sohn Davids!"
Wieder sind es Kinder, die den Sohn Gottes loben und preisen!
„Hörst du, was sie da rufen?" fragen die Schriftgelehrten ihn darauf. Und Jesus antwortet: „Gewiß! Habt ihr denn nie in den heiligen Schriften gelesen: „Du sorgst dafür, daß dich sogar Unmündige und kleine Kinder preisen!" Danach sieht Jesus keine Ursache, noch mehr zu sagen und noch zu erklären. Er läßt die Männer stehen und geht davon.

Immer wieder ist mir beim Lesen aufgefallen, daß in keinem einzigen Evangelium auch nur ein einzigesmal steht, daß Jesus gelächelt oder gelacht hat.
Kann man sich die Kindersegnung ohne ein Lächeln Jesus, das den Kindern gilt, überhaupt vorstellen?

Man muß schlicht annehmen, daß diejenigen, die diese Geschichten aufschrieben und weitergaben alte, ehrwürdige Männer waren, unter deren Würde es war, dem Sohn Gottes, dem Allerheiligsten, ein Lächeln zuzumuten.
Hätten Frauen oder Mütter die Geschichte aufgeschrieben, sie hätten bestimmt nicht auf diesen wichtigen Zusatz verzichtet.
Doch haben Frauen und Kinder in dieser von alten Männern verwalteten Instituion, die sich Kirche nennt, noch niemals viel zu sagen und noch weniger zu lachen gehabt. Und das hat sich bis heute trotz vieler Versuche daran zu rütteln kaum geändert und endet schließlich beim kleinkarierten Disput darüber, ob Mädchen Ministranten sein dürfen. Dabei darf man sicher sein, daß sich unser Glaube nicht zweitausend Jahre lang über Priester und sonstige gelehrten Männer der Kirche weitergetragen und so lebendig erhalten hat, sondern daß es vorwiegend die Frauen waren, die Mütter, die ihren Kindern von Christus erzählten, die mit ihnen beteten und sangen und so ihren Glauben von einer Generation zur nächsten mit ihrem starken persönlichen Einsatz weitergaben.

Noch etwas ist wichtig zu wissen: Die Kinder, die damals zu Jesus gebracht wurden, waren in ihrer Zeit letztlich noch überhaupt nicht als vollwertige, geschweige denn gleichberechtigte Menschen anerkannt. Sie hatten weder die Tora studiert noch bisher eine Gesetzesschule besucht, so daß sie noch nichts galten und deshalb mit einer niemals hinterfragten Selbstständlichkeit von den Erwachsenen übersehen und nicht für voll genommen wurden. Den Frauen ging es nicht viel besser. Und ausgerechnet diesen Kindern wendet sich Jesus direkt und ganz unmißverständlich zu.
Noch mehr: Er stellt sie als Beispiel hin und weist die reifen Erwachsenen um sich herum darauf hin, daß sie diesem Beispiel zu folgen haben, wenn sie überhaupt verstehen wollen, warum er zu ihnen gekommen ist.
Und Jesus mahnt und warnt unmißverständlich.

Mir kommt es oft so vor, als gäbe es in den Kirchen ganz unterschiedliche Gewichtungen der einzelnen Worte Jesu. Dort, wo sie gut in das eigene Konzept passen, werden sie immer wieder gern zitiert und angewendet. Sollten sie aber stören, wird schlicht auf sie verzichtet. Man kann sich ja nicht alles merken.
Eines der vielen Beispiele, auf das hier nicht näher eingegangen werden kann, ist die berühmte Bergpredigt Jesus.
Auch die „geistliche" Interpretation des Gebotes Gottes „Du sollst nicht töten!" läßt sich je nach Klüngelei mit dem jeweiligen politischen

Herrschaftssystem ganz beliebig variieren. Wenn es opportun ist, segnet die Kirche halt die Waffen für den Krieg und unterscheidet fein säuberlich zwischen „töten für das Vaterland" oder ähnliches und „morden".
(Kriegsdienstverweigerer, die ihre Verweigerung auf das Gebot stützen wollten, gerieten gerade hier immer wieder in geradezu infam gestellte Fallen, denen sie dann kaum noch entkommen konnten).
Wenn es opportun ist, schließt die Kirche selbst den Pakt mit dem Satan und kümmert sich „einen Teufel" um das, was in der Heiligen Schrift steht und Grundlage ihres Handelns sein müßte und sollte. Die Verstrickung der Kirche mit den Machthabern des Dritten Reiches ebenso wie mit den kommunistischen Herrschaften und ihres Apparates in der ehemaligen DDR läßt sich eben nicht, weil es sich schließlich um die Kirche Christi handelt, mit Diskretion und christlich verbrämter Generalamnestie unter den Teppich kehren.
Für all diese Fragen ist an dieser Stelle kein Platz, weil es uns nur um eine einzige Frage geht:

Jesus mahnt und warnt unmißverständlich, die Kinder nicht auszuschließen, sondern als Beispiel für sich selbst anzunehmen. **Jesus nahm die Kinder persönlich in den Arm und segnete sie.**

Und wie ist das in der Kirche?

Als ich mit meiner kleinen Tochter an einer Wochenendtagung der evangelischen Kinderakademie in Hofgeismar teilnahm, feierten wir mit dem damaligen Leiter der Akademie, Klaus Röhring, am Sonntag einen Gottesdienst, in den Kinder und Erwachsene ihren Teil einbringen konnten und der mit dem Abendmahl endete, zu dem Kinder und Erwachsene eingeladen waren und sich alle auch einladen ließen.
Meine damals achtjährige Tochter war davon so begeistert, daß sie zu Hause unbedingt mit mir am folgenden Sonntag mit in den Hauptgottesdienst wollte. Zum Abendmahl beim Abschluß dieses Gottesdienstes ging sie wie selbstverständlich mit nach vorn zum Altar und wurde prompt und lautstark von dem Pfarrer, Braun hieß dieser überaus christliche wackere Mann, mit folgenden Worten wieder zu ihrem Platz zurückgeschickt: „Kristina, du bist doch noch nicht konfirmiert! Du darfst doch noch nicht zum Abendmahl!"

Wer hat das verboten?
Gott? Christus? Der Heilige Geist?
Oder welcher Geist?

Was muß in diesem Augenblick in dem Kind vorgegangen sein? Wo blieb da die christliche Barmherzigkeit oder der Mut, sich einmal aus Sorge um das anvertraute junge Leben über eine Grenze zu setzen, wenn das Überspringen doch dem Menschen dient?
Wen wundert es, daß der Knacks an dieser Stelle in einem Kinderleben ganz wesentliche Auswirkungen auf alles weitere Hineinwachsen oder Nichthineinwachsen in die Kirche, in die christliche Gemeinde haben wird.

Obwohl Christus sich in der Perikope der Kindersegnung ganz eindeutig gegen damalige jüdische Ansichten über Kinder wandte, hat die Kirche diese Ansichten treu und brav übernommen, weil alte und reife Männer es nicht für möglich halten, daß Kinder bereits von Jesus ganz persönlich und direkt dazu eingeladen sind, obwohl sie doch noch keinen Konfirmandenunterricht genossen und die Konfirmation hinter sich gebracht haben.
Ja, so kann man junge Menschen aus der Kirche hinauskonfirmieren!

Kinderabendmahl, inzwischen mit viel Freude und Engagement praktiziert, ist nach wie vor umstritten und ruft immer wieder neue alte Gegner auf den Plan. Warum nur? Warum?

Bei einer katholischen Familientagung habe ich etwas ganz Ähnliches und genau so Schönes und uns alle, die wir dabei sein durften, zutiefst so Empfundenes erlebt: Während der von allen gemeinsam gestalteten Messe lud der Priester alle Kinder und Erwachsenen zur Feier der heiligen Kommunion ein. Und da gab es kein Kind, das nicht aus seiner Hand die Hostie erhielt.
Viele Eltern konnten später sich nicht oft genug darüber auslassen, wie glücklich sie sich in dieser Messe gefühlt hatten und wie dankbar sie waren, daß es so geschehen war und sie dabei sein und es miterleben durften.
Und es waren Eltern dabei, die in abendlichen Gesprächen vorher sehr deutlich ihre Kritik an der Kirche geäußert hatten. Die Drohung verschiedener beabsichtigter Kirchenaustritte stand vorher im Raum. Ehrlicherweise muß ich zum Hintergrund dieses Ereignisses noch erläutern, daß der katholische Studienleiter vorher als Gast einmal mit seinen Kindern bei einem wie oben geschilderten Familiengottesdienst in der evangelischen Kinderakademie in Hofgeismar teilgenommen hatte und das, was er dort empfunden hatte, auch weitervermitteln wollte. Es hat lange gebraucht, bis er einen Priester gefunden hatte, der dazu bereit war. Und wenn an oberer Stelle so etwas wieder bekannt würde.....Nun, ich nenne ja weder Namen noch Ort.

Ich kann aber auch nicht die vielen Familiengottesdienste und Familienmessen nennen, die ich erlebt und wo die Kinder, die noch nicht zur Erstkommunion gegangen waren, mit ihren Eltern und älteren Geschwistern nach vorn kamen und ohne Hostie wieder zu ihrem Platz zurückgeschickt wurden.
Es waren zu viele.
Doch immer wieder gab es auch Priester, die diesen Kindern über den Kopf strichen und sie segneten.

Für völlig irrsinnig halte ich es, wenn Aschermittwoch ein Priester im Kindergarten erscheint und den Kindern ein Aschenkreuz auf die Stirn malt.
Kinder wußten vielfach überhaupt nicht, was das bedeuten sollte und reagierten sehr erschreckt.

Gehen wir wieder zu dem zurück, was wir von Christus selbst durch die Evangelien in der Heiligen Schrift wissen:

Jedes Kind, mag es auch noch so klein sein, ist von Gott eingeladen!

Jedes Kind hat das Recht, aktiv und direkt am Gottesdienst teilzunehmen.

Wenn an unserem Gottesdienst Kinder teilnehmen, muß er so gestaltet und ausgerichtet werden, daß er Kinder und Erwachsene in gleicher Weise berücksichtigt ist und anspricht.

3. Organisation und Inhalte

Anliegen und Inhalt dieses Buches ist es, anhand unterschiedlicher Angebote aufzuzeigen, welche Möglichkeit wir haben, bereits **Kleinkinder** in den Gottesdienst mit einzubeziehen und sie aktiv und freudig daran teilhaben zu lassen.

Das bedeutet aber keinesfalls, daß die vorgestellten Angebote lediglich Kleinkindern vorbehalten bleiben sollen. Vielmehr sind es beispielsweise Lieder, die so einfach gestaltet sind, daß sie hier sinnvoll eingesetzt werden können, gleichzeitig aber auch älteren Kindern ebenso viel Freude bereiten.

Der Begriff des **Einfachen** soll damit nicht mit einer Versimplifizierung des Anliegens und des Inhaltes gleichgesetzt werden, vielmehr geht es darum, auch kompliziertere Inhalte so **elementar** zu erarbeiten, daß sie in dieser Form bereits sehr früh **zugänglich, erlebbar und erfahrbar werden**, gleichzeitig auch Erwachsene anrühren, ansprechen und zum Mitsingen und Mitspielen anregen.

Diese Angebote sind für den **Krabbelgottesdienst** zusammengestellt. Sie können gleichzeitig in der **Familie** selbst, überall dort, wo in enger Verbindung von Erwachsenem und Kind nach ganz einfachen Möglichkeiten eines praktizierten Glaubens gesucht wird, überzeugend eingesetzt werden.

Daß sie sich darüber hinaus für Familienmessen und -gottesdienste, für Bibelwochen mit Kindern und für die religiöse Erziehung im Kindergarten (und auch noch bis in die Grundschule hinein) eignen, wird dabei vorausgesetzt.

Voraussetzung aller religionspädagogischer Arbeit ist es, eine Atmosphäre zu schaffen, in die die Kinder vertrauensvoll hineinwachen, in der sie aufwachsen können und die es uns ermöglicht, religiöse Inhalte zu vermitteln.

(Im Gottesdienst mit Kindern geht es nicht allein darum, diese Inhalte Kindern zu vermitteln, sondern erwachsene Gottesdienstteilnehmer müssen ebenso stark davon angesprochen werden.)

Ziele einer so verstandenen religionspädagogischen Arbeit sind:
- Einbinden der religiösen Inhalte in die ganzheitliche Erziehung,
- Kinder in einen von ihnen erlebbaren Kontakt mit einer ihnen zugewandten christlichen Gemeinde zu bringen,
- den Kindern ein positives, nicht angstbesetztes Gottesbild zu vermitteln und ihnen so einen positiven Zugang zur Gemeinde zu ermöglichen.

Ich gehe davon aus, daß Religionspädagogik situativ in den Alltag eingebunden ist und die Erziehung zur Gesamtpersönlichkeit unterstützt, wobei sie Hilfe und Stütze im Bereich des sozialen Verhaltens, im emotionalen Bereich und im verantwortungsbewußten Umgang mit der Schöpfung gibt bzw. geben sollte. Die Vermittlung geschieht auf vielfältige Weise: durch Singen, Spielen und Tanzen ebenso wie durch Erzählen und Vorlesen, durch Gespräche und bildhaftes Gestalten. Und an dieser Erziehung wirken wir alle mit: Eltern, Pfarrer, Erzieher, die Kirchengemeinde...und die Kinder selbst.

Wesentlicher Mittelpunkt all dieser religionspädagogischen Ziele stellt das **gemeinsame Feiern des Gottesdienstes** dar, wobei dieser Gottesdienst wirklich zu einem **Fest** werden sollte mit Jesu Geist in unserer Mitte.

Gleichwertig neben dem Feiern des Gottesdienstes stehen **elementare religiöse Erfahrungen in der Familie**, in der engen Beziehung der Eltern zu ihrem Kind.

Glaubensvermittlung bedeutet hier nichts anderes, als Einbeziehen des Kindes in den Glauben seiner nächsten Bezugsperson.

„Eine Kirche, die Kinder tauft, kann die christliche Erziehung nicht einfach delegieren, indem sie lediglich den Eltern und Paten ein Taufversprechen abnimmt. Sie trägt selbst die Hauptverantwortung dafür, daß dieses Versprechen eingelöst werden kann" (Grüßhaber, Alma. „Kirche mit Kleinkindern zu Weihnachten". In: *DIE CHRISTENLEHRE. Zeitschrift für den katechetischen Dienst in Gemeinde und Schule.* Heft 10 (Berlin 1991), 463 ff).

Diese Voraussetzung, die wohl von keinem angezweifelt wird, muß in aller Konsequenz dazu führen, daß Gottesdienstformen entwickelt und praktiziert werden müssen, die sich an Kleinkindern und ihren Möglichkeiten orientieren und die Eltern dieser Kinder, besser noch alle übrigen Gottesdienstbesucher mit einbeziehen.

Es wird somit erwartet, daß Kirche sowohl in einer positiven Weise einlädt, aber auch dann, wenn diese Einladung angenommen wird, selbst nachvollziehbare Anregungen gibt, wie wir christliche Erziehung im eigenen Alltag mit Kindern umsetzen können.

Hierauf nun intensiv einzugehen, ist zwingend notwendig, wenn es uns wirklich ernst damit ist, Kinder in die christliche Gemeinde mit all dem, was wir ihnen anzubieten haben, einzuladen und Ihren Eltern - auch wenn sie nicht mehr Mitglied der Kirche sind - Möglichkeiten anzubieten, das Positive, was christliche Gemeinschaft und Christsein schlechthin ausmacht, wieder oder neu kennenzulernen. Das ist für uns alle wirklich Aufforderung und Chance zugleich.

Chance, endlich gegen das immer stärker werdende negative Image der Kirche etwas zu setzen, was ehrlich ist und durch uns selbst im positiven Sinne überzeugen kann.

3. 1. Wir kleinen Menschenkinder wollen uns im Gottesdienst wohlfühlen

Eine kalte riesige Kirche mit frontal ausgerichteten Kirchenbänken mit Blick auf den am Kreuz unter Qualen sterbenden Christus bewirkt in Kindern kein Gefühl des Wohlfühlens und Geborgensein, eher das Negative.

Wenn es uns möglich ist - so wie es einst die Urchristen taten, uns im Kreis zu versammeln, dann ist es völlig unwesentlich, wo dieser Gottesdienst stattfindet. Sagt nicht Christus uns selbst, daß er da, wo sich zwei oder drei **in seinem Namen** versammeln, mitten unter ihnen ist.

Das heißt: Wir verzichten bewußt auf eine so geschilderte kalte Kirche und suchen einen hellen, freundlichen Raum im Gemeindehaus oder sonstwo, in dem wir uns mit unseren Kindern geborgen und wohlfühlen können.

Wenn es uns gelingt, die Kirche so zu gestalten, daß sie dieser Forderung entspricht, dann ist diese Kirche durchaus der Raum, in dem wir uns zusammenfinden, um mit den Kindern Gottesdienst zu feiern.

Wir müssen immer daran denken, daß der Gottesdienst und der Raum, in dem dieser Gottesdienst gefeiert werden soll, für die Kinder neu und zunächst fremd ist. Der erste Eindruck dieses Raumes ist für alles Weitere sehr wichtig, stellt er doch sozusagen die „Einstimmung" in alles Folgende dar.

Wir schmücken ja auch den Raum besonders und sehen zu, daß er nett und einladend aussieht, wenn wir Gäste erwarten und empfangen.

3. 2. Wir wollen vom Anfang bis zum Ende wirklich freudig dabei sein

Kinder sind nicht fähig, eine Predigt durchzustehen und durchzuhalten. Sie brauchen deshalb auch keine!

Die hier angesprochenen Kinder können noch nicht lesen, weder Texte noch Noten. Für mitgekommene Erwachsene können Gesangbücher und Liedtexte wenig angenehme Erinnerungen an früher einmal besuchte Gottesdienste hervorrufen. Deshalb sollten wir auf Gesangbücher und Liedhefte und -blätter ganz bewußt verzichten.

Kinder kommen mit wachen und neugierigen Augen. Sie wollen etwas Schönes erleben und erfahren.
Darauf müssen wir eingehen!

Wenn Kinder so angesprochen werden sollen, daß sie vom Anfang bis zum Ende freudig mittun und sich wohlfühlen sollen, dann soll die Zeit und Form des Gottesdienstes auch kinderfreundlich sein.
Sonntagmorgen um 11 Uhr beispielsweise, wo es zu Hause so viel zu erleben geben kann, ist denkbar ungünstig.
Warum nicht samstagnachmittag um drei oder um halb vier Uhr?
Oder sonst an einem Nachmittag, auf den man sich so richtig freuen kann?

Was für die Zeit gilt, gilt auch für die Gottesdienstdauer.
Allerhöchstens dreißig Minuten!
Das wissen wir doch alle: Dreißig wunderschöne und als viel zu kurz empfundene Minuten sind meist viel, viel mehr als zeitlich überdehnte Veranstaltungen, selbst wenn sie Gottesdienste heißen.
Machen wir uns doch nichts vor: Länger als dreißig Minuten halten wir Erwachsene es doch auch kaum aus.

3. 3. Wir wollen die Inhalte, die uns angeboten werden, begreifen und verstehen

Beginnen wir mit **dem Raum**, in dem unser Gottesdienst gefeiert werden soll. Kinder in diesem Alter erobern ihre nächste Umwelt mit allen Sinnen. Was sie nicht mit den Augen begreifen, wird in die Hände genommen. Reicht das zum wirklichen Begreifen auch nicht aus, kommt es in den Mund, wird abgeleckt, berochen, eben auf eine altersspezifische Weise untersucht, getestet und analysiert.
Je mehr Gegenstände in einem Raum sind, umso stärker muß das Interesse der Kinder gemaßregelt, verboten und unterbunden werden.

Die Kraft, die dafür nötig ist, läßt sich zugunsten wichtigerer Inhalte leicht einsparen, wenn man bewußt auf solche Dinge verzichtet oder sie von vornherein aus dem Raum herausräumt.
Eine Orgel, die man nicht untersuchen darf, eine Kanzel, zu der man nicht hinaufklettern darf, Bücher, die man nicht in die Hand nehmen darf, ein Kruzifix, das man nicht anfassen darf.... Es ist besser, einen Raum zu nehmen, der diese Dinge gar nicht anbietet.
Ich erinnere mich an den verzweifelten Kampf eines würdigen Pfarrers im schwarzen Talar mit einer höchstens dreijährigen jungen Dame während eines Teils des Gottesdienstes. Ihr war aufgefallen, daß der Pfarrer nicht in Hosen wie Papa, sondern in einem langen Kleid vor dem Altar stand. So steuerte sie schnurstracks auf den Pfarrer los, der zunächst nicht ahnte, was sie wollte. Mit schnellem Griff versuchte sie nun, den Talar hochzuheben, um sich zu informieren, was darunter war. Der Pfarrer versuchte, möglichst unauffällig und immer noch im Text seiner Ansprache bleibend, den kleinen tastenden Händen Einhalt zu gebieten, sie abzuschütteln und sein Aussehen zu retten. Doch die junge Dame war zäh und ließ sich so leicht nicht zurückdrängen. So kam es dann zu einem richtigen Kampf um das Kleidungsstück, der nach langem erbittertem Ringen schließlich damit endete, daß die Mutter aufstand (welche Überwindung muß sie das gekostet haben!!), auf ihr Kind zuging und mit Gewalt den Talar samt Pfarrer aus seiner Hand befreien wollte. Das darauf erfolgte lautstarke Gebrüll paßte überhaupt nicht mehr zu der vorgesehenen feierlichen Gestaltung. Der Pfarrer versuchte - nun auch mit geballter Kraft - sich zu befreien, die Mutter zerrte am Kind und das Kind zerrte weiter am Talar.
Schließlich gewannen die beiden Erwachsenen diesen ungleichen Streit, und die gestreßte Mutter trug schließlich ihr schreiendes und zappelndes Kind auf ihren Armen aus dem Gottesdienst.
Dabei hätte es der Pfarrer so leicht gehabt, wenn er kurz auf das kindliche Interesse an seinem Talar eingegangen wäre, diesen gelüftet und dem Kind die Hosen gezeigt, die darunter waren.
Bestimmt wäre der Gottesdienst ungestört weiter gefeiert worden, es wäre am Ende nicht einer hinausgelaufen...und alle hätten ihre Freude daran gehabt. Vielleicht hätte der Pfarrer auch vorher den Kindern etwas über den Talar erzählen können, ihn zeigen usw.
Ist das wirklich so schwierig, so abwegig in einem Familiengottesdienst?
Ich erinnere mich auch an einen Diakon, der im Straßenanzug vor den ungeschmückten Altar trat und dann lautstark bedauerte, daß man doch so keinen Gottesdienst feiern könnte.
Gut, daß alles bereit lag. So durften ihm die Kinder beim Anziehen helfen und schmückten darauf mit ihm zusammen den Altar.
War das ein schöner Gottesdienst für alle, für Kinder wie Erwachsene!

Was kann aber nun in dem gottesdienstlichen Raum stehen:

Ein Blumenstock, ein Blumenstrauß.
Vielleicht hat ihn jemand extra mitgebracht.
Natürlich wollen wir wissen, wer das war!
Und an den Blumen darf jeder einmal riechen.

Eine Kerze.
Und einer von uns darf helfen, sie ganz behutsam anzuzünden und auf den Altar zu stellen.

Ein Bild.
Vielleicht eins für jeden, das man sich jetzt, ehe es beginnt, noch ansehen kann.
Ein Bild für alle, das wir uns gleich gemeinsam ansehen wollen.

Kissen.
Vielleicht sollen sie auf die Stühle gelegt werden, vielleicht auch auf den Boden.

Ein Tisch, der Altar heißt.
Man kann einmal herum gehen, um sich das Kreuz darauf und das, was vielleicht noch darauf liegt, anzusehen. Die Brille besser nicht, weil sie jemand nachher zum Vorlesen braucht. Sie geht leicht kaputt. Ja, Kinder sind da sehr verständnisvoll und lassen sie einfach liegen.

Vorhänge.
Wenn man sie zuzieht, wird es vielleicht noch gemütlicher hier drin. Oder ist es vielleicht doch schöner, wenn die Sonne zu uns hineinscheint? All das, was Kinder in diesem Raum interessiert, das sollen sie auch mit vielen Sinnen) erfahren dürfen. Das ist wichtig und notwendig, damit man den Raum annehmen und sich in ihm wohlfühlen kann.
Noch etwas: Alles, was Kinder sehen sollen, soll ihnen so gezeigt werden, daß sie es auch richtig sehen können. Da darf keine Säule und kein Oberkörper eines Erwachsenen im Wege sein. Sehen Kinder etwas nicht von ihrem Platz auf, dann fordern wir sie auf, zu uns zu kommen und zeigen es ihnen vorn. Tun wir das nicht, werden sie unruhig und verlassen nach kurzer Zeit sowieso ihren Platz.

3. 4. Wir wollen Geschichten und Bilder erleben

Geschichten, die lediglich vorgelesen werden, verbieten sich von vornherein, selbst wenn es sich dabei um Texte handelt, die für Zwei- bis Vierjährige geeignet sind.

Kinder in diesem Alter brauchen die direkte Zuwendung desjenigen, der ihnen (und das bedeutet ja eine Abstraktion) etwas erzählt, was man nicht in Wirklichkeit auch sehen kann. Deshalb sind sie auf den Blickkontakt, auf Gesten usw. angewiesen. Auch sollten wir nicht vor den Kindern stehen, sondern in Augenhöhe vor ihnen oder im Kreis mit ihnen sitzen.

Dabei sollen die Geschichten **der nächsten erlebbaren und erfahrbaren Umwelt und Phantasiewelt der Kinder dieses Alters** entsprechen.

Es hat keinen Zweck, Dinge in der Geschichte zu nennen, die dem Kind unbekannt sind. Ebensowenig können zeitverschobene Inhalte oder auf fremde Länder und Kulturen bezogene Zusammenhänge vorgesetzt werden.

Das Zeitverständnis ist sehr begrenzt. Es reicht von gestern bis morgen. Morgen bedeutet: noch einmal schlafen.

Es ist schon lang, lang her...Das kann gestern, vorgestern, letztes Jahr oder vor zweitausend Jahren gewesen sein.

Die Geschichte von Jesus und den Kindern spielt jetzt oder gestern. Und wenn Jesus mit den Kindern auf einem Bild gezeigt wird, dann ist es der lebendige Christus, der hier und heute unter uns ist. Am verständlichsten wird dann das Bild zu dieser Geschichte, wenn Jesus Kleidung wie wir selbst tragen oder „zeitlos" gekleidet ist wie alle weiteren Personen, weil wir solche Kleidung ja auch aus unseren Bilderbüchern kennen. Auf gar keinen Fall darf Christus auf einem solchen Bild mit einem Heiligenschein abgebildet sein. Wenn es um das Gleichnis vom guten Hirten geht, ist dem Kleinkind ein Kätzchen aus der Nachbarschaft, ein Vogel oder ein Hund viel näher als das Schaf,

das es vielleicht aus einem Bilderbuch, höchstens aber direkt nur von einer sporadischen gelegentlichen Begegnung kennt. Sollte nun auf dem Bild ein Hirte in der historischen oder auch noch zeitgemäßen Kleidung eines völlig fremden Landes erscheinen, wird dem Kind der Zugang wesentlich erschwert, wenn nicht in diesem Alter noch ganz verwehrt.
Könige und Prinzen können bereits aus Bilderbüchern bekannt sein. Die drei Könige, mag man sich auch noch so sehr bemühen, die drei Sterndeuter aus der Weihnachtsgeschichte als das zu deuten, was sie wirklich waren, geraten so doch auf die Schiene der Märchenkönige, weil sie deren Insignien auf vielen Bildern und auch im Rollenspiel ja unübersehbar mit sich führen.

Im Neuen Testament spricht Christus immer wieder in Bildern, in Gleichnissen, um sich seinen Zuhörern verständlich zu machen. Die Menschen seiner Zeit konnten mit solchen Bildern umgehen, weil sie daran gewöhnt waren. Das Bild, das ihnen Jesus zeigte, diente ihm dazu, Hintergründe zu verdeutlichen, was ihnen ohne dieses Bild (sehr oft auch noch mit diesem Bild) schwer oder nicht vermittelt werden konnte.
Die Bilder, die wir aus der Bibel kennen und die Jesus seinen erwachsenen Zuhörern zeigte und erklärte, sind für Kinder des von uns angesprochenen Alters allerdings auch noch viel zu schwierig. Es erscheint deshalb wenig sinnvoll, sie jetzt bereits einzusetzen und zu verwenden. Also müssen wir nach anderen, kindgemäßeren Bildern suchen.
Alle Geschichten und Bilder sollen das vermitteln, was die Bibel uns immer wieder neu sagt: Gott hat dich lieb! Hab' keine Angst! Sie sind in gleicher Weise für die Kinder und für uns wichtig, weil sie alles Vertrauen auf Gott begründen und vermitteln.

Zwei Möglichkeiten bieten sich hier an:
Bilder aus der nächsten Erlebnis- und Phantasiewelt des Kleinkindes

Die Erlebniswelt beinhaltet hier
- den Bereich der Wohnung und der allernächsten Umgebung,
- Eltern, Geschwister, Großeltern (allernächste Verwandte, und ganz gute Bekannte)
- Haustiere,- Tiere, Pflanzen und andere Dinge aus der unmittelbaren Spiel- und - Phantasiewelt.

Eine Geschichte von dem Teddybären, der beim Mittagsschlaf und Nacht für Nacht mit dem Kind zusammen im Bett schläft und den es liebt, interessiert das Kind weit mehr als irgendein Schaf (um bei diesem Beispiel zu bleiben) aus einem fremden Land. Unter dem

Aspekt der psychologischen Nähe ist der Dinosaurier, dem das Kind sogar einen Namen gegeben hat (fast alle wirklichen Lieblingstiere tragen auch Namen), dem Kind so vertraut, daß er zu ihm gehört, ein Teil seiner eigenen Persönlichkeit ist.
Wenn dem Dino, dem Teddy oder wer auch immer sein Lieblingstier ist, etwas passiert, wenn der Teddy seine Mütze verloren hat oder der Dino gar ein Auge, ist das viel schlimmer als eine wirkliche Katastrophe ein paar Straßen weiter.

Wir nehmen hier solche Bilder, die die direkte nächste Erlebnis- und Spiel- und Phantasiewelt des Kleinkindes zeigen, deshalb ganz bewußt auf. Geborgenheit und Vertrauen, Angenommensein und das Gefühl des Sich-Wohlfühlens lassen sich, wenn es schon auf der abstrakten Ebene des Bildes geschehen muß, hier oft besser Kindern verdeutlichen und erklären.
Ein Einsatz eines solchen Bildes also, um Kindern Hintergründe und Glaubensinhalte zu verdeutlichen und verständlich zu machen.

Eindeutige und unverwechselbare symbolträchtige Bilder

Die von dem Evangelischen Landesverband für Kindertagesstätten in Württemberg e.V. herausgegebenen Vorschläge für die religionspädagogische Arbeit in Kindergarten, Kindertagesheim und Hort (Biblische Texte und Kindersituationen, Stuttgart 1991) haben eine Reihe solcher wichtiger, symbolträchtiger Bilder zusammengestellt, die aber im Hinblick auf Kleinkinder in Krabbelgottesdiensten noch weiter vereinfacht werden müssen, um hier sinnvoll eingesetzt werden zu können:
Gottes Schöpfung
Arche
Der gute Hirte
Weite des Himmels
Hand, die hält
Beim Namen gerufen
Mutter
Das verlorene Schaf
Jesus, Brot des Lebens
Jesus, Licht der Welt
Jesus, der gute Hirte

Diese Bilder beziehen sich direkt auf die Texte der Bibel, verdichten diese auf das Wesentliche und bieten die Möglichkeit, sie Kindern so zugänglich zu machen, daß (auch durch Wiederholung) mit ihrer Hilfe ein nach und nach immer ebenso umfassenderes wie vertiefendes Verständnis christlicher Glaubensinhalte erschlossen werden kann.

Wir werden auf sie zurückkommen, wenn wir ein weiteres wesentliches Element, wahrscheinlich das wesentlichste überhaupt, noch vorgestellt haben, ohne das Gottesdienst mit Kleinkindern überhaupt nicht möglich ist, das aber hier im Wort und Bild seine ebenso wichtige wie wesentliche Ergänzung erfahren muß.

3. 5. Spiellieder, Spielgeschichten und Lieder als emotionale, lustbetonte immer wiederkehrende Elemente, um Glaubensinhalte erlebbar zu machen.

Die Notwendigkeit der Umsetzung von biblischen Geschichten und christlichen Glaubensinhalten in Spielgeschichten und Liedern habe ich im Hinblick auf Kindergarten- und Grundschulkinder ausführlich bereits dargelegt
(Krenzer, Rolf. *Glauben erlebbar machen*, Verlag Herder: Freiburg-Wien, 1992 / *Das wird ein Fest*. Rollenspiele zu Geschichten aus dem Neuen Testament im Kindergarten, Edition Kemper/Kaufmann: Lahr 1992)

Wenn wir uns Kleinkindern und ihren Möglichkeiten und Fähigkeiten zuwenden wollen, müssen wir auch hier noch viel stärker in den elementaren Bereich vordringen, dabei aber auch berücksichtigen, daß sich hier Kleinkinder und Erwachsene gleichzeitig bewegen und wohlfühlen sollen, um so zum gemeinsamen Tun zu gelangen. Im Gottesdienst mit kleinen Kindern geht es im wesentlichen darum, miteinander etwas zu tun, miteinander zu singen, zu spielen, sich zu bewegen, zu tasten, zu fühlen...gegebenenfalls auch zu trinken und zu essen.
Das bedeutet, daß wir immer wieder alle möglichen Formen der **Bewegungsfreude** einbeziehen wie Klatschen, Stampfen, Patschen, Gehen, Springen, Hocken, Stehen, Drehen, Innehalten, sich Berühren, Umarmen, Streicheln usw., wobei es nicht um das Tun einzelner, sondern um das aktive Mittun aller gehen muß.
Mit solchen Angeboten wird es uns möglich, **Erlebnisse zu bewirken**, die in dieser oder ähnlicher Form beliebig oft **wiederholbar** sein können.

Gerade in diesem Alter ist die **Freude am Wiederholen** ganz besonders groß. In einem Gottesdienst mit Kleinkindern ist es somit besser, ein einziges Lied mehrmals zu wiederholen (und dann in folgenden Gottesdiensten immer wieder aufzugreifen), so daß es den Kindern **immer vertrauter** wird, als ein Zuviel an weiteren neuen Liedern anzubieten.

Die Texte zu den hier geforderten **einfachen Melodien** müssen so elementar sein, daß sie verstanden und bald mitgesungen werden können. Je einfacher aber ein solcher Text sein soll, umso schwieriger ist es, auch kompliziertere Inhalte darin so unterzubringen, daß sie in einer guten Sprache, das heißt in einem guten Stil und sauberem Satzbau transparent werden.

An Liedertexte für Kleinkinder und darüberhinaus im gesamten Vorschul- und Grundschulbereich ist höchster Wert auf eine sprachlich einwandfreie Gestaltung zu legen, da solche Texte meistens so oft gesungen werden, daß sie prägenden Charakter haben.

Unsaubere Reime Wortvergewaltigungen oder um des Reimes Willen falscher Satzbau und verdrehte Wortfolgen sind von vornherein auszuschließen.

Nötig im Hinblick auf Kinder und ihre jungen Eltern sind elementare Aussagen, in keinem Fall aber Banalitäten.

Einen religiösen Inhalt in einfachen Worten, in einem guten Satzbau und mit guten Reimen so zu gestalten, daß er nicht bagatellisiert wird, sondern auch in der einfachen Sprache noch erhalten bleibt und transparent wird, halte ich für die schwierigste und zeitaufwendigste Arbeit, die an einen Textautor gestellt wird.

Bei meinem Text zu dem „Regenbogenlied" (Krenzer, Rolf. *Kommt alle und seid froh!*, Peter Janssens Musikverlag: Telgte) waren die beiden ersten Strophen bereits über sechs Wochen fertig, als ich immer noch an einer befriedigenden Lösung für die dritte, die letzte Strophe arbeitete. Die beiden ersten Strophen waren leicht, weil sie in einfacher Sprache das aufzeigten, was wir selbst immer wieder sehen und erleben können:

Ein bunter Regenbogen
ist übers Land gezogen.
Die Sonne scheint auf's Gras,
das noch vom Regen naß.

Ein bunter Regenbogen
ist übers Land gezogen,
und alle bleiben stehn,
um sich ihn anzusehn.

Die dritte Strophe aber sollte nicht bei den Äußerlichkeiten stehen bleiben, sondern in einfacher Weise die Bedeutung des Regenbogens erklären, wobei die Rettung Noahs und der Bund Gottes mit den Menschen in irgendeiner Form angesprochen werden sollte.
Es standen aber nur zwei Zeilen zur Verfügung, da die ersten beiden Zeilen des Liedes bereits festgelegt waren. Hier noch einen Wechsel in der dritten Strophe vorzunehmen, hätte einen nicht zu verantwortenden Bruch bedeutet. Als ich dann nach sechs Wochen meiner Frau meine endlich mir als gelungen erscheinende dritte Strophe vorstellte, sagte sie erstaunt: „Das ist doch so ganz einfach und selbstverständlich. Und dazu hast du sechs Wochen gebraucht?"

*Ein bunter Regenbogen
ist übers Land gezogen,
damit ihr's alle wißt,
daß Gott uns nicht vergißt.*

Je einfacher und selbstverständlicher ein Text erscheint, umso mehr Arbeit steckt meist darin.

Eine weitere Schwierigkeit liegt darin, zu einzelnen Spielliedern immer wieder neue Spiel- und Bewegungsmöglichkeiten zu finden, da das Mitklatschen und Mitstampfen zu einem Lied ein- oder zweimal Freude macht, aber nicht immer alles sein kann.

Wohl eines der schönsten, elementarsten und überzeugendsten Lieder hat **Gertrud Lorenz** geschrieben. Es ist zu Recht inzwischen weit verbreitet und war wohl eines der ersten religiösen Spiellieder unserer Zeit überhaupt:

*Kommt alle und freut euch!
Klatscht in die Hände!
Kommt alle und freut euch:
Gott hat uns lieb!*

*Kommt alle und freut euch!
Stampft mit den Füßen!
Kommt alle und freut euch:
Gott hat uns lieb!*

(Lorenz, Gertrud. *100 einfache Lieder Religion*. Verlag Ernst Kaufmann, Lahr)

4. Symbolträchtige Bilder, Texte und Lieder mit kleinen Kindern

Eine Zusammenstellung erprobter Inhalte in „Biblische Texte und Kindersituationen, Evangelischer Landesverband für Kindertagesstätten, Stuttgart, 1991.
Die neuen Lieder in diesem Buch sind **fett gedruckt und mit Seitenangabe** aufgeführt.
Verständlicher Weise können die gleichen Lieder unter verschiedenen Themen mehrmals erscheinen.

Gott hält mich an seiner Hand
Psalm 73, 23 - 24
„Du hast meine Hand ergriffen und hältst mich; du leitest mich nach deinem Plan und holst mich am Ende in deine Herrlichkeit."

Möglicher Anlaß:
Zum erstenmal im Gottesdienst - Feste feiern - Ich (wir) sind auch zu Hause nicht allein - Gott hält uns alle (meine Eltern und Geschwister, mich usw.) an seiner Hand - erstes Beten

Lieder:
Ich falte meine Hände (Seite 55)
Wir kleinen Menschenkinder (Seite 121)
Wie groß ist Gottes Liebe (Seite 79)
Ich breite meine Arme aus (Seite 84)
Ja, wir Kleinen (Seite 90)
Guter Gott, drum danken wir (Seite 96)
Hab keine Angst (Seite 102)

Er hält die ganze Welt in seiner Hand (Spiritual)
Kommt alle und freut euch (Gertrud Lorenz)
(In:100 einfache Lieder Religion, Kaufmann, Lahr)

Ich lade dich ganz herzlich ein (Lotz / Krenzer)
(In: Regenbogen bunt und schön, Kaufmann, Lahr)

Gott ruft mich bei meinem Namen. Er kennt mich und liebt mich.
Jesaja 43, 1
„Ich habe dich bei deinem Namen gerufen, du gehörst mir."

Möglicher Anlaß:
Jedes einzelne Kind in der Gruppe/Familie/nächste Verwandte/Freunde/Nachbarn - Hineinwachsen in Kirche und Gemeinde - Feste feiern

Lieder
Ich falte meine Hände (Seite 55)
Die Großen und die Kleinen (Seite 60)
Wir kleinen Menschenkinder (Seite 121)
Ich sage meinen Namen dir leise in dein Ohr (Jöcker / Krenzer)
(Aus: Und sie fingen an, fröhlich zu sein, Menschenkinder, Münster)
Ich habe einen Namen und bin getauft (Janssens / Krenzer)
(Aus: Kommt alle und seid froh, Peter Janssens, Telgte)

<u>Gottes Güte reicht so weit wie der Himmel.</u>
<u>Wenn ich fröhlich bin, freut sich Gott.</u>
Psalm 36, 6
„Herr, deine Güte reicht bis an den Himmel und deine Treue, so weit die Wolken ziehen."

Möglicher Anlaß:
Gottesdienst - Feste feiern - Geburtstag - Feiern in der Familie - Freude wird bewußt erlebt

Lieder
Das Gott sich daran freut (Seite 42)
Die Großen und die Kleinen (Seite 60)
Schön wird das Fest (Seite 73)
Wie groß ist Gottes Liebe? (Seite 79)
Kommt alle und freut euch (Lorenz)
(Aus: 100 einfache Lieder Religion, Kaufmann)
Das wird ein Fest (Walter / Krenzer)
(Aus: Jesus lädt die Kinder ein, Musikbär, Schriesheim)
Heut ist ein Tag, an dem ich singen kann (Jöcker / Kleikamp)
(Aus: Heut ist ein Tag, an dem ich singen kann, Menschenkinder, Münster)
Ein Fest, ein Fest, wir feiern heut' ein Fest (Jöcker / Krenzer)
(Aus: Und sie fingen an, fröhlich zu sein, Menschenkinder, Münster)
Kommt alle und seid froh (Janssens / Krenzer)
(Aus: Kommt alle und seid froh, Peter Janssens, Telgte)
Wenn das große Fest beginnt (Fietz / Krenzer)
(Aus: Wir bauen eine Kinderstadt, Abakus Greifenstein 2)
Wir feiern heut ein Fest (Walter / Krenzer)
(Aus: Gott, du bist ja bei mir, Musikbär, Schriesheim)
Die rechte Hand fängt an (Jöcker / Krenzer)
(Aus: Denkt euch nur, der Frosch war krank, Menschenkinder, Münster)

Gott liebt und tröstet mich
Wie die Mutter - wie der Vater
Jesaja 66, 12b + 13a
„Ihr werdet euch geborgen fühlen wie ein Kind, das von seiner Mutter auf der Hüfte getragen und auf den Knien gewiegt wird. Ich werde euch trösten, wie eine Mutter tröstet."
Das Vater unser.

Möglicher Anlaß:
Geborgenheit bei Mutter und Vater - Familie - neue erwachsene Bezugsperson - Angst und Leid begegnen

Lieder
Ich falte meine Hände (Seite 55)
Die Großen und die Kleinen (Seite 60)
Wie groß ist Gottes Liebe? (Seite 79)
Ich breite meine Arme aus (Seite 84)
Hab keine Angst (Seite 102)
Ich lade dich ganz herzlich ein (Lotz / Krenzer)
(Aus: Regenbogen bunt und schön, Kaufmann, Lahr)
Es leuchten Mond und Sterne (Fietz / Krenzer)
(Aus: Die Erde ist ein großer Tisch, Abakus, Greifenstein 2 2)
Ich habe zwei Hände (Jöcker / Krenzer)
(Aus: Deine Welt ist meine Welt, Menschenkinder, Münster)
Hast du etwas Zeit für mich? (Edelkötter / Krenzer)
(Aus: Hast du etwas Zeit für mich?, Impulse, Drensteinfurt)
Nebel, Nebel, Nebel (Jöcker / Krenzer)
(Aus: Lieber Herbst und lieber Winter, Menschenkinder, Münster)

Jesus ist der gute Hirte. Gott ist der gute Hirte.
Lukas 15, 3 - 7 Gleichnis vom verlorenen Schaf
Jesus erzählt wie sehr sich einer darüber freut, daß er sein Schaf wiedergefunden hat, das sich verlaufen hatte. So handelt Gott mit uns Menschen.
Psalm 23, 1 - 4
Gott ist der gute Hirte, der seine Schafe beschützt und verteidigt. Er führt sie dorthin, wo's gutes Gras für sie gibt und wo sie frisches Wasser finden. Jesus liebt uns so sehr, daß er sein Leben für uns gab. Doch Gott hat ihn vom Tod aufgeweckt.

Möglicher Anlaß:
Einzelne Kinder in der Gruppe - Angst und Leid begegnen - neue erwachsene Bezugsperson.

Lieder
Das Lied vom verlorenen Schäfchen (Seite 67)
Ja, wir Kleinen (Seite 90)
Guter Gott, drum danken wir (Seite 96)
Hab keine Angst (Seite 102)
Gebt den Kindern ihren Platz (Seite 114)
Ach Schäfchen, mein Schäfchen (Walter / Krenzer)
(Aus: Jesus lädt die Kinder ein, Musikbär, Schriesheim)
Mein Schaf hat sich verlaufen (Janssens / Krenzer)
(Aus: Kommt alle und seid froh, Peter Janssens, Telgte)
Hilfst du mir mein Schäfchen suchen (Fietz / Krenzer)
(Aus: Ein Regenbogen bunt und schön, Abakus, Greifenstein 2)
Weil ich grad dich so gerne hab' (Janssens / Krenzer)
(Aus: Ich schenk dir einen Sonnenstrahl, Peter Janssens, Telgte)
Unser Freund heißt Jesus Christ (Lotz / Krenzer)
(Aus: 100 einfache Lieder Religion, Kaufmann, Lahr)

<u>Gott ist der Schöpfer</u>
<u>Wir leben in Gottes Schöpfung</u>
<u>Dank - bewußtes Erleben - Lobpreis -Verantwortung</u>
Genesis 1, 1 - 2,3; Psalm 104; Psalm 147, 7 - 9; Psalm 148, 1

Gott ist der Schöpfer des Himmels und der Erde. Er hat die Welt, in der wir leben dürfen, zu seiner Freude geschaffen und sinnvoll geordnet. Wir tragen Verantwortung für Gottes Schöpfung.

Anlaß:
Hineinwachsen in Gemeinde und Kirche - Feste feiern - Das Jahr erleben - Schöpfung erleben - Begegnung mit Tieren und Pflanzen - Andere Menschen - Erntedankfest

Lieder
Du gibst uns die Sonne (Seite 48)
Du hast uns deine Welt geschenkt (Jöcker / Krenzer)
Wie ein bunter Schmetterling (Jöcker / Krenzer)
(Aus: Heut ist ein Tag, an dem ich singen kann, Menschenkinder, Münster)
Unser Baum vor unserm Haus (Jöcker / Krenzer)
Hoppelhase, sitz ganz still (Jöcker / Krenzer)
Kleine braune Biene (Jöcker / Krenzer)
Blumen auf den Wegen (Jöcker /Krenzer)
(Aus: Deine Welt ist meine Welt, Menschenkinder, Münster)
Voller Wunder ist die Erde (Walter / Krenzer)
(Aus: Gott, du bist ja bei mir, Musikbär, Schriesheim)
Gottes Liebe ist wie die Sonne
(Text und Musik: Frankfurt/Main, 1970,
Singende Gemeinde, Wuppertal)
Guter Gott, dankeschön (Janssens / Krenzer)
(Aus: Kommt alle und seid froh, Peter Janssens, Telgte)
Eine kleine Blume blüht nicht für sich allein
(Aus: Gott zieht vor uns her, Peter Janssens, Telgte)
Willst du die Elefanten sehn (Jöcker / Krenzer)
(Aus: Solange die Erde lebt, Menschenkinder, Münster)

<u>Der bunte Regenbogen</u>
Genesis 9, 8 - 17
Gottes Regenbogen als Zeichen des Bundes Gottes mit uns Menschen.
Regenbogen Lebenszeichen - Friedenszeichen.
Gott will unsere Welt erhalten.

Anlaß:
Zusammenleben - Erleben der anderen im Gottesdienst - Gemeinsam sind wir unter Gottes Schutz geborgen - Konflikte erleben - Angst und Leid begegnen.

Lieder
Singen unterm Regenbogen (Seite 109)
Ein bunter Regenbogen (Janssens / Krenzer)
(Aus: Kommt alle und seid froh, Peter Janssens, Telgte)

Jesus ist der Freund der Kinder
Jesus, das Licht der Welt
Mattäus 19, 13 - 15; Markus 10, 13 - 16; Lukas 18, 15 - 18)
Johannes 9, 5
Jesaja 9, 1,5 - 6
Weihnachtsgeschichte nach Lukas 2 und Mattäus
Gott liebt alle Menschen, Kinder und Erwachsene. Jesus ist der Freund der Kinder. Jesus war ein Kind wie jeder von uns. Wir freuen uns, daß Gott Jesus zu uns geschickt hat. Deshalb feiern wir Weihnachten.

Möglicher Anlaß:
Jegliche Form des religiösen Lebens und Erlebens zu Hause, im Gottesdienst - Gott ist immer da - Wir können immer mit Gott, mit Jesus sprechen, uns an ihn wenden - vom Beten - Feste feiern - Advent und Weihnachten.

Lieder
Wir kleinen Menschenkinder (Seite 121)
Ich falte meine Hände (Seite 55)
Daß Gott sich daran freut (Seite 42)
und alle anderen Lieder aus diesem Buch.
Hört ihr alle Glocken läuten? (Jöcker / Krenzer)
(Aus: Heut ist ein Tag, an dem ich singen kann, Menschenkinder, Münster)
Kleine Kerze leuchte (Jöcker / Krenzer)
Was ist nur geschehn? (Krenzer / Jöcker)
(Aus: Kleine Kerze, leuchte, Menschenkinder, Münster)
Vom Christkind wollen wir singen (Jöcker / Krenzer)
(Aus: Lieber Herbst und lieber Winter, Menschenkinder, Münster)
 Es brennt die erste Kerze (Gertrud Lorenz)
(Aus: 100 einfache Lieder Religion, Kaufmann, Lahr)
Ach, ich kann nicht (Janssens / Krenzer)
Sieben Hirten schlafen (Janssens / Krenzer)
Kommt mit mir, wir gehen zum Stall (Janssens / Krenzer)
Hier kommen die Könige (Janssens / Krenzer)
(Aus: Kommt alle und seid froh, Peter Janssens, Münster)
Unser Freund heißt Jesus Christ (Lotz / Krenzer)
Kommt alle und freut euch (Gertrud Lorenz)
(Aus: 100 einfache Lieder Religion, Kaufmann, Lahr)

● *Vom Lachen*

Daß Gott sich daran freut

Text: Rolf Krenzer / Musik: Anke Jöcker

2. Wir stampfen mit den Füßen
   und alle stampfen mit.
   Ja, stampft mit euren Füßen
   und singt für Gott ein Lied.
   Refrain: Große Leut',
   kleine Leut',
   singen heut, stampfen heut.
   Große Leut',
   kleine Leut',
   daß Gott sich daran freut.

3. Wir hören mit den Ohren
   und alle hören mit.
   Ja, hört mit euren Ohren
   und singt für Gott ein Lied.
   Refrain: Große Leut',
   kleine Leut',
   singen heut, hören heut.
   Große Leut',
   kleine Leut',
   daß Gott sich daran freut.

4. Wir singen heut zusammen,
und alle singen mit.
Ja, singt jetzt mit zusammen
und singt für Gott ein Lied.
Refrain: Große Leut',
kleine Leut',
alle Leut' singen heut.
Große Leut',
kleine Leut',
daß Gott sich daran freut.

5. Wir geben uns die Hände,
und alle machen mit.
Ja, gebt euch jetzt die Hände
und singt für Gott ein Lied.
Refrain: Große Leut',
kleine Leut',
alle Leut' singen heut.
Große Leut',
kleine Leut',
daß Gott sich daran freut.

6. Wenn wir im Kreis uns drehen,
dann machen alle mit.
Ja, dreht euch jetzt im Kreise
und tanzt für Gott ein Lied.
Refrain: Große Leut',
kleine Leut',
singen heut', tanzen heut',
Große Leut',
kleine Leut',
daß Gott sich daran freut.

Wenn ich fröhlich bin, freut sich Gott. Ein fröhliches Lied, das wir alle zusammen **zu Hause** singen können, vielleicht beim Geburtstag oder dann, wenn wir alle daheim sind.
Im Gottesdienst sitzen oder stehen wir im Kreis oder – wenn man keinen Stuhlkreis stellen kann – hintereinander in Reihen. Der Spielkreisleiter stimmt das Lied an und zeigt ganz deutlich, was wir zusammen zu dem Lied tun können.
Wenn wir von den „großen Leuten" singen, stellen wir uns auf die Zehenspitzen und machen uns ganz groß. Dazu recken wir die Arme so hoch wir können nach oben. Geht es dann um die „kleinen Leute", dann machen wir uns winzigklein und gehen vielleicht sogar in die Hocke.
In jeder Strophe tun wir etwas anderes: Wir klatschen und stampfen, halten die Hände an die Ohren, um besser hören zu können. Zum Schluß geben wir uns die Hände und gehen im Kreis herum oder in einer langen Reihe durch den Raum.
Wenn es am Ende jeder Strophe heißt „daß Gott ich daran freut", können wir unsere Arme weit nach beiden Seiten ausstrecken.
Sitzen in der Kirche noch viele Erwachsene in den Bänken, gehen wir einfach durch die Bankreihen und laden alle ein, mit uns zu kommen. Dann können wir uns schließlich wieder im Kreis versammeln und die erste Strophe noch einmal singen.

Schau mal an

Schau mal an,
was ich kann:
Ich kann sehen
und kann gehen,
kann mich drehen
und dann stehen
auf einem Bein
schon ganz allein.
Und dann, und dann,
dann bist **Du** dran!

Familienknoten

Komm, wir machen einen Familienknoten.
Zuerst komme ich auf dich zu und nehme dich in die Arme.
Wir drücken uns, so fest wir nur können.
Jetzt kommst du noch dazu.
Und du! Und du!
Seht ihr, das ist ein richtig schöner Familienknoten!

Streicheln

Ich streichel' dich ein bißchen
und gebe dir ein Küßchen.
So, ja, so!
Schon sind wir beide froh!
Nun streichel' mich ein bißchen
und gib mir auch ein Küßchen.
So, ja, so!
Schon sind wir wieder froh!

Gott freut sich, wenn wir fröhlich sind

Wenn wir uns vertragen,
Liebes tun und sagen,
lachen, witzeln, scherzen,
freut sich Gott von Herzen.
Wenn wir aber motzen,
böse sind und trotzen,
erst schrei ich, und dann weinst du,
schaut uns Gott nur traurig zu.

Fragen und viele Antworten

Die Mutter fragt:
    Wozu gab uns Gott unsere Hände?
Das Kind antwortet:
    Mit den Händen kann ich spielen und arbeiten, den Becher hochheben, einen Ball rollen, dich drücken …
    streicheln, kitzeln, krabbeln, festhalten …
Die Mutter fragt:
    Wozu gab uns Gott die Beine?
Das Kind antwortet:
    Mit den Beinen kann ich gehen und laufen und treten und tanzen, springen, hopsen, schaukeln …
Die Mutter fragt:
    Wozu gab uns Gott die Augen?
Das Kind antwortet:
    Mit den Augen kann ich sehen und blinzeln und lachen und weinen …
Die Mutter fragt:
    Wozu gab uns Gott den Mund und die Stimme?
Das Kind antwortet:
    Mit dem Mund kann ich essen und trinken und dir einen Kuß geben …
    Ich kann schreien und flüstern, sprechen und singen, lachen und weinen, bitten und danken.
Die Mutter sagt:
    Wir wollen Gott für alles danken, was er uns gegeben hat.

(Die einzelnen Antworten können gemeinsam mit dem Kind nach und nach gegeben werden. Das freie Gebet kann wiederholt und mit den Inhalten, die das Kind interessieren, variiert werden.)

Vom Lachen

Einmal hat ein Kind schon beim Aufstehen lachen müssen. Als die Mutter die Vorhänge aufgezogen hat, hat ihm die Sonne auf der Nase gekitzelt.
„Hatschi!" hat das Kind gemacht. Und „Gesundheit!" hat die Mutter gesagt.
„Warum sagst du das?" hat das Kind die Mutter gefragt.
„Weil ich dir wünsche, daß du nicht krank wirst!" hat die Mutter geantwortet.
Da hat die Sonne der Mutter auch auf der Nase gekitzelt.
„Hatschi!" hat die Mutter gemacht.
Da hat das Kind laut „Gesundheit!" gerufen und laut gelacht.
„Was macht ihr da oben für einen Krach?" hat der Vater von unten gerufen. Er hat am Tisch gesessen und gewartet, weil er mit dem Kind und der Mutter frühstücken wollte. „Wir lachen nur!" hat das Kind gerufen und ist schnell die Treppe heruntergesaust.
„Wir sind albern!" hat die Mutter gesagt und ist hinter dem Kind hergekommen. Da hat das Kind gesehen, daß die Sonne dem Vater auch mitten auf die Nase geschienen hat. Sie hat ihn auf der Nase gekitzelt. Der Vater hat ein Auge zugemacht. Dann hat er die Stirn in Falten gelegt. Dann hat er mit der Nase gewackelt.
„Mach doch!" hat da das Kind gerufen.
„Was soll ich machen?" hat der Vater gesagt und geschnieft und geschnauft.
„Ich kann jetzt nicht!"
„Kannst du doch!" hat das Kind gerufen!
Da hat der Vater seinen Kopf ganz weit nach hinten gelegt. Aber die Sonne hat seine Nase doch erwischt!
„Mach doch!" hat das Kind wieder gerufen.
„Ich muß niesen!" hat der Vater gesagt und nach seinem Taschentuch in seiner Hosentasche gesucht. „Hatschi!" hat er dann gemacht. Noch einmal „Hatschi!" Und dann noch einmal.
„Siehst du, kannst du doch!" hat das Kind da gerufen und laut gelacht.
„Ach, so!" hat der Vater gesagt.
Und dann haben sie alle drei noch einmal „Hatschi!" gemacht und laut gelacht. Dreimal hintereinander.
Später ist das Kind rausgegangen und hat den Kindern von dem Hatschi erzählt. Die Kinder haben es auch versucht. Doch da hat sich die Sonne hinter einer Wolke versteckt.
„Hatschi!" hat da plötzlich ein Kind gerufen. Die Sonne hat es auf der Nase gekitzelt. „Gesundheit!" haben die anderen Kinder gerufen und laut gelacht. Immer wieder und immer wieder. So lange, bis Du auch mitgelacht hast.

• *Vom Staunen*

Du gibst uns die Sonne

Text: Rolf Krenzer / Musik: Detlev Jöcker

2. Du gibst Mond und Sterne.
   Alles kommt von dir.
   Du gibst Mond und Sterne.
   Darum danken wir,
   dir, lieber Gott,
   dir, lieber Gott,
   jeden Tag dafür.

3. Du gibst uns die Flüsse …

4. Du gibst uns die Bäume …

5. Du gibst uns die Blumen …

6. Du gibst uns die Tiere …

7. Du gibst uns die Eltern …

8. Alles was wir haben,
   alles kommt von dir.
   Alles, was wir haben.
   Darum danken wir,
   dir, lieber Gott,
   dir, lieber Gott,
   jeden Tag dafür.

Weitere mögliche Strophen:
   Du gibst uns die Früchte.
   … die Vögel.
   … die Fische.
   (Die Eltern singen:)
   … die Kinder.

Es geht darum, uns mit den Kindern gemeinsam jeden Tag neu bewußt zu machen, daß alles, was wir um uns herum sehen und erleben, ein immer wieder neues Geschenk Gottes und nicht selbstverständlich ist. So müßte es im Refrain heißen: „Darum danken wir ... **immer neu dafür**".
Dieses gemeinte immer neue Danken schließt unsere Verantwortung für all das, was wir von Gott Tag für Tag neu erhalten, mit ein.
Für kleine Kinder ist diese Wortverbindung noch nicht verständlich, weil sie aus der Sprache und dem Sprachverständnis der Erwachsenen kommt. Doch was ein Tag ist, das lernen wir alle schon sehr früh. So ist die hier gebrauchte Aussage „Ja, wir danken dir ... **jeden Tag** dafür" bereits verständlich und beinhaltet in elementarer Form das, was mit „immer neu" ausgedrückt werden soll.

In den einzelnen Strophen können wir mit unseren Armen und Händen all das zeigen, was Gott geschaffen hat:
Sonne	Hände übereinander hoch halten, Finger wie Strahlen auseinander
Mond	Arme und Hände bilden einen großen Kreis
Sterne	Hände hoch halten und die Finger bewegen
Flüsse	Beide Arme übereinander vor uns wie Wellen bewegen
Berge	Die Arme hoch recken
Bäume	Mit beiden Händen die Umrisse eines Baumes zeigen
Blumen	Hände aneinander, dann nach oben auseinandergehen lassen
Früchte	Mit beiden Händen eine imaginäre Apfelsine umfassen
Tiere	Ein imaginäres Tier vor uns streicheln
Vögel	Arme wie Flügel schwingen
Fische	Arme nach vorn, Hände aneinander und wie ein Fisch bewegen
Ameisen und Käfer	Mit den Fingern das Krabbeln andeuten
Schmetterlinge	Ganz ruhiges leichtes Schwingen mit beiden Armen
Eltern	Beide Arme nach oben (oder die Eltern anfassen)
Kinder	Beide Hände auf unseren Kopf (wenn Eltern dabei sind, nehmen Sie ihr Kind in den Arm)

Zur letzten Strophe geben wir uns alle die Hände, halten sie angefaßt hoch und gehen alle zusammen in den Kreis hinein.

Zu Hause kann das Lied zu dem Spiel „Ich sehe was, was du nicht siehst" anregen. Es soll das geraten werden, was Gott geschaffen hat.
Hierzu können wir uns auch Bilderbücher zu Hilfe nehmen und auf den einzelnen Seiten nachsehen.

Was fliegt? Was schwimmt? Und was läuft auf der Erde?

Ich nenne ein Tier und das Kind muß entsprechend seine Hände bewegen.
Fliegt das genannte Tier, hält es die Hände ganz hoch,
läuft das Tier, kommen die Hände auf den Tisch.
Wenn das Tier aber schwimmt, dann müssen die Hände unter den Tisch oder blitzschnell auf den Rücken.
Je schneller das alles geht, umso mehr Spaß macht es.
Und wenn einer einen Fehler macht, ist der andere dran.

Eine ganz lange Geschichte; Gott hat die ganze Welt erschaffen

Nach und nach zählen wir alles auf, was Gott geschaffen hat.
(A) Einer beginnt. (B) Der nächste bekommt sein Wort oder seinen Satz und wiederholt ihn. (A) Dann beginnt das erste Kind wieder, (B) das zweite folgt. Beim dritten Begriff wird die Kette schon länger, bis wir zum Schluß alles aufzählen und dazu zeigen können. Es ist erstaunlich, wie schnell Kinder das lernen.

A. **Gott hat die ganze Welt erschaffen.**
   Mit beiden Armen und Händen die Welt zeigen.
A. **Den Tag zum Wachsein**
   Aufrichten, mit den Händen den Schlaf aus den Augen wischen.
B. **Gott hat die ganze Welt erschaffen.**
   Den Tag zum Wachsein
A. **und die Nacht zum Schlafen.**
   Den Kopf auf die Hände legen.
B. **Gott hat die ganze Welt erschaffen.**
   Den Tag zum Wachsein und die Nacht zum Schlafen.
A. **Der Himmel soll über die Erde gehn.** B. **Gott hat ...**
   Mit beiden Händen zeige ich den Himmel über mir.
A. **Länder** B. **Gott hat ...**
   Beide Hände nach vorn ausbreiten
A. **und Meere ließ Gott entstehn.** B. **Gott hat ...**
   Wellenbewegungen mit den Armen.
A. **Pflanzen** B. **Gott hat ...**
   mit den Händen am Boden eine Pflanze darstellen.
A. **und Sträucher ließ Gott gedeih'n.** B. **Gott hat ...**
   halbhoch aufrecken, mit den Armen die Zweige darstellen.
A. **Und Bäume bis in den Himmel hinein.** B. **Gott hat ...**
   Aufstehen, die Arme hoch recken

A. **Er schuf die Tiere.** B. Gott hat …
Beide Hände nach vorn halten.
A. **groß und klein.** B. Gott hat …
einer zeigt, wie groß ein großes Tier ist, ein zweiter,
wie klein ein kleines.
A. **Und alle sollen gesegnet sein!** B. Gott hat …
Segenszeichen.
A. **Zum Schluß hat Gott die Menschen gemacht.** B. Gott hat ….
Ein Mädchen und ein Junge stehen auf.
A. **Er sagte: Gebt gut auf alles acht!** B. Gott hat …
Erhobener Zeigefinger.
A. **Daß meine Schöpfung stets besteht!** B. Gott hat …
Auf alle zeigen, die etwas dargestellt haben.
A. **Und nichts darin verlorengeht!** B. Gott hat …
Aufstehen und beide Arme nach vorn.

Am Morgen

Lieber Gott, ich bin heut morgen
fröhlich aufgewacht,
und ich sehe, daß durchs Fenster
schon die Sonne lacht.
Bunte Blumen, Schmetterlinge,
warten schon auf mich.
Seht, ihr Käfer und ihr Vögel,
seht, schon komme ich!

Am Mittag

Kartoffeln, ein Ei
und Kompott und Salat!
Wir danken für alles,
denn jeder wird satt.
Und leidet ein anderer
Hunger und Not,
dann wollen wir teilen
die Milch und das Brot.

Am Abend

Die Sonne ist jetzt müde
und geht zur Ruh'.
Da mache ich auch heute
meine Augen zu.
Ich durfte, Gott, durch deine Welt
spazieren gehn.
Ich bitte dich, ach, laß mich morgen
alles wiedersehn.
So schließe ich die Augen
und geh zur Ruh.
Wenn ich dir noch was sagen will,
höre du mir zu.

Die Mutter betet / Der Vater betet

Guter Gott,
ich vertraue dir heute nacht mein Kind an
so wie ich mich dir anvertraue.
Laß uns ruhig schlafen
und gute Träume träumen.
Hilf uns, daß wir morgen früh wieder
so gesund und fröhlich erwachen
und uns wieder an deiner schönen Welt
freuen dürfen,
an der Welt, die wir bereits so zerstört,
ausgebeutet und mißhandelt haben,
deren Schutzschicht wir immer weiter zerstören,
deren Geschöpfe von uns Menschen
gefoltert und gemordet werden.
Bring uns alle, die wir dafür verantwortlich sind,
endlich zur Einsicht,
daß wir mit deiner Hilfe
deine schöne Welt
für unsere Kinder bewahren wie für uns.
Hilf uns,
daß wir uns immer wieder neu
mit unsern Kindern
an deiner schönen Welt freuen dürfen.

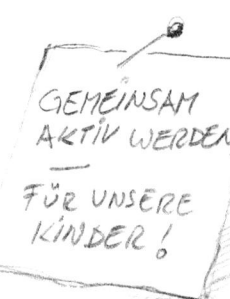

GEMEINSAM
AKTIV WERDEN
FÜR UNSERE
KINDER!

Vom Staunen

Einmal ist ein Marienkäfer auf den Finger von einem Kind geflogen. Ganz still hat er dagesessen. Und das Kind hat seine Hand auch ganz still gehalten und ihn immer nur angesehen.
„Mutti!" hat das Kind ganz leise gerufen, damit der Marienkäfer ja nicht erschrickt und davonfliegt.
„Ein Marienkäfer!" hat die Mutter gesagt und sich mit dem Kind gefreut.
„Wo wohnt er?" hat das Kind gefragt. „Draußen im Garten!" hat die Mutter gesagt.
„Er kann richtig fliegen!" hat das Kind gesagt und den Finger ganz ruhig gehalten, damit er ja nicht erschrickt und davonfliegt.
„Ich kann nicht fliegen!" hat das Kind gemeint und den Marienkäfer angesehen. „Warum kann er das?"
„Weil Gott ihn so geschaffen hat!" hat die Mutter gesagt. „Gott will, daß er fliegen kann!"
„Und krabbeln!" hat das Kind gesagt und dem Marienkäfer zugesehen. Er ist auf seinem Zeigefinger herumgekrabbelt.
„Was hat Gott noch geschaffen?" hat dann das Kind gefragt.
„Alles!" hat die Mutter geantwortet. „Den Himmel und die Erde, die Sonne, den Mond und die Sterne, die großen Flüsse und die kleinen Bäche und das Meer, die Pflanzen und die Tiere … "
„Und den Marienkäfer!" hat das Kind gesagt.
Da hat die Mutter genickt. „Er ist ja auch ein Tier!"
„Und die Elefanten!" hat das Kind gesagt. Elefanten mag es besonders gern. „Und die Frösche und die Bären und die Hunde und die Katzen …"
Das Kind hat so viele Tiere gewußt, daß die Mutter immer nur noch nicken konnte.
„Und die Dinosaurier!" hat das Kind gesagt. „Aber die sind leider schon alle gestorben!"
„Alle müssen einmal sterben!" hat die Mutter gesagt. „Dann holt Gott sie zu sich!"
„Aber noch nicht gleich!" hat das Kind gesagt und dem kleinen Marienkäfer zugesehen. Er hat jetzt wieder ganz oben auf seiner Fingerspitze gesessen.
„Du kannst wieder fliegen!"
Da ist der Marienkäfer ganz schnell davongeflogen.
Das Kind und die Mutter haben ihm lange nachgesehen.
„Dich hat Gott auch geschaffen!" hat die Mutter dann gesagt und das Kind ganz fest gedrückt. „Gelt, da staunst du!"
„Dich auch!" hat das Kind gesagt und sich ganz fest an die Mutter gedrückt.
„Da staunst du aber auch!"

● *Vom Beten*

Ich falte meine Hände

Text: Rolf Krenzer / Musik: Detlev Jöcker

2. Ich falte meine Hände
und bete still.
Dann fällt mit ein,
wofür ich Gott
auch heute bitten will.
Dann fällt mir ein,
wofür ich Gott
auch heute bitten will.

3. Wir falten unsre Hände
und beten still,
daß Gott uns hört,
und weiß wofür
ihm jeder danken will,
daß Gott uns hört,
und weiß wofür
ihm jeder danken will.

4. Wir falten unsre Hände
und beten still,
daß Gott uns hört,
und weiß wofür
ihm jeder bitten will,
daß Gott uns hört,
und weiß wofür
ihm jeder bitten will.

(Gebetshaltung, Hinführung zum leisen Gebet, Erfahren der Stille, leises Gebet des einzelnen Kindes wird in den beiden letzten Strophen zum gemeinsamen leisen Gebet ausgeweitet)

Der erste Vers kann auch gesprochen werden und bereits unser ganzes Gebet sein oder als Einführung zu dem gesprochen werden, was wir Gott noch alles sagen wollen.
Zur Gebetshaltung: Der Erwachsene kann seine Hände über die Hände des Kindes legen. Wir können die Hände aneinanderlegen, ohne sie zu falten.
Wir können und auch beim Beten die Hände geben und ganz festhalten.
Im Gottesdienst können wir im Kreis sitzen oder stehen und uns beim Beten alle an den Händen fassen. Erwachsene können die Kinder auch auf ihren Schoß nehmen.
Auch den Text können wir ändern:

Ich falte meine Hände
und werde still.
Dann fällt mir ein,
wofür ich Gott
heute **abend** danken will.

Wir **geben uns die Hände**
oder
Wir **halten** unsre Hände
und beten still,
daß Gott uns hört
und weiß wofür
heute jeder danken will.

Ich bete mit meinem Kind

Heute waren wir zusammen einkaufen,
und du hast ein Eis gekriegt.
Die Oma hat angerufen.
Es hat geregnet, und wir sind mitten durch den Regen gelaufen.
Gut, daß es nicht schlimm war, als du heute hingefallen bist.
Für alles wollen wir dir danken.
Danke, guter Gott!

Wir beten zusammen

Mach es dir ganz gemütlich.
Ja, so bist du ganz nah bei mir.
Was war denn heute alles los?
Was war nicht so schön?
Und was war schön?
Wir wollen Gott für alles danken, was heute war.
Bleibe auch heute nacht bei uns, guter Gott!
Amen.

Unser Kind betet

Lieber Gott, gib heute nacht
bitte wieder auf mich (uns) acht.
Amen.

Bin ich müde, schlaf ich ein.
Du wirst immer bei mir sein.
Amen.

Damit ich morgen munter bin,
leg' ich mich jetzt zum Schlafen hin.
Lieber Gott, ich bitte dich,
geb' heut nacht gut acht auf mich!
Amen.

Wiegegebet

Schlaf', mein Kind und träume.
Der Wind weht durch die Bäume.
Und Gott gibt auf dich acht.
Drum schlaf, mein Kind! Gut' Nacht!

Ich halte unser Kind im Arm und wiege es zu dem Gebet.

Vom Beten

Einmal war ein Kind gerade in sein Bett gekrabbelt, da hat sich die Mutter zu ihm gesetzt.
„Wollen wir beten?" hat die Mutter gefragt.
„Wie macht man das?" hat das Kind gefragt.
Da hat die Mutter ihre Hände gefaltet, und es dem Kind gezeigt.
Das war so leicht, daß es das Kind auch gleich konnte.
Es hat die Hände gefaltet und gefragt: „Und jetzt?"
„Jetzt sprechen wir mit Gott!" hat die Mutter gesagt.
„Wo ist Gott?" wollte da das Kind wissen.
„Überall!" hat die Mutter gesagt.
„Auch draußen?" hat das Kind gefragt.
Die Mutter hat genickt.
Da wollte das Kind unbedingt nach draußen.
So hat die Mutter das Kind auf den Rücken genommen und ist mit ihm nach draußen gegangen.
Julia und Jens und Philipp sind auch mitgegangen.
Und Philipps Teddy auch.
Draußen war es dunkel.
„Ist hier auch Gott?" hat da das Kind gefragt
und sich an der Mutter festgehalten.
„Seht ihr dort den hellen Stern?" hat Jens gefragt.
„Gott hat alle Sterne am Himmel gemacht!" hat Julia erklärt.
„Und die Sonne und den Mond!"
„Ist Gott dort oben bei dem Stern?" hat das Kind gefragt.
„Ja!" hat die Mutter gesagt. „Dort oben und hier unten bei uns!"
„Und in meinem Zimmer auch?" hat das Kind gefragt.
„Auch in deinem Zimmer!" Die Mutter hat gelacht und das Kind wieder zurück in sein Zimmer getragen.
Julia, Jens und Philipp sind auch wieder hineingegangen.
Und der Teddy auch.
„So", hat das Kind gesagt und seine Hände gefaltet, „jetzt wollen wir beten!"
„Lieber Gott!" hat die Mutter gebetet. „Du bist überall da und gibst immer auf uns acht, weil du uns so lieb hast. Dafür danken wir dir!"
Das Kind hat zugehört und an Julia und Jens und Philipp und den Teddy gedacht.
Und an den Vater und an den hellen Stern am Himmel.
„Amen!" hat die Mutter noch leise gesagt,
denn da war das Kind bereits eingeschlafen.

● *Vom Klein sein und Groß werden*

Die Großen und die Kleinen

Text: Rolf Krenzer / Musik: Anke und Detlev Jöcker

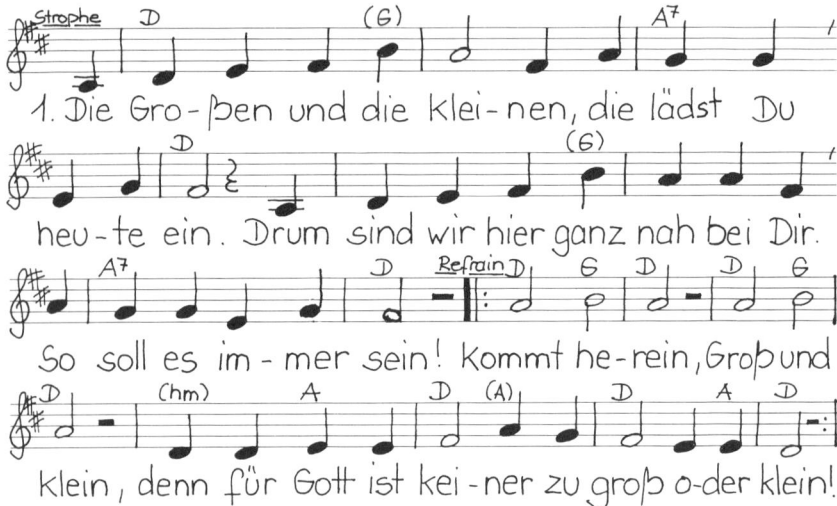

2. Die Großen und die Kleinen,
   die feiern heut ein Fest.
   Sie singen hier
   und danken Dir,
   weil Du sie nie verläßt.
   Refrain: Kommt herein,
   Groß und Klein,
   denn für Gott ist keiner
   zu groß oder klein!

3. Wir Großen und wir Kleinen
   gehören all zu Dir.
   Drum singen wir
   und danken wir
   Dir, guter Gott, dafür!
   Refrain: Kommt herein,
   Groß und Klein,
   denn für Gott ist keiner
   zu groß oder klein!

Der Text des Liedes ist zunächst einmal auf den **Gottesdienst** mit kleinen Kindern ausgerichtet. Für Gott ist es völlig gleich, ob die Gemeinde, die sich zum Gottesdienst versammelt, den Gottesdienst als Fest gestalten will, aus Erwachsenen oder Kindern besteht. Wir können aber sicher sein, daß uns Gott mit unseren Kindern so annimmt, wie wir sind, und mitten unter uns ist, wenn wir hier den Gottesdienst festlich feiern.
Zur ersten Strophe zeigen wir die „Großen" und die „Kleinen" mit unseren Händen. Wenn wir im Kreis ganz bunt gemischt nebeneinander stehen, deuten wir auf einen der groß ist und auf einen, der klein ist.
Zur zweiten Strophe klatschen wir in die Hände. Wir können auch dazu hintereinander im Kreis herumgehen.
Zur letzten Strophe fassen wir uns an den Händen und bilden einen großen Kreis. Wir können auch in einer langen Reihe zum Altar gehen und unseren Kreis um den Altar herum bilden.
Zu Hause können wir nun die letzte Strophe einsetzen und leicht verändern, so daß sie direkt auf uns beide oder uns drei oder vier paßt:
Die Großen und die Kleinen gehören all zu dir.
Drum singen wir und danken wir
Dir, guter Gott dafür.
Nicht zu groß, nicht zu klein.
Ja, für Gott ist keiner
zu groß oder zu klein.

Der Vater/die Mutter betet

Großer, guter Gott,
hier sitze' ich,
scheinbar erwachsen und groß
und halte mein kleines Kind auf dem Schoß.
Ich möcht' mich zu ihm hinunterneigen
und ihm deine Welt
in all ihrer Schönheit zeigen,
daß es staunt
und sich auf jeden neuen Tag freut ...
und ich weiß doch,
daß heut
keiner mehr weiß,
wie es weitergehn soll.
Wir trieben es mit deiner Welt zu toll.
Die Landschaft verschandelt, die Wälder vernichtet,
die Tiere gemordet und hingerichtet.
Verseuchte Luft und Wasser.

Eh' wirs bedacht,
die Armut in die Welt gebracht,
die heut noch besteht...
Und keiner weiß, wie es weitergeht,
weil die Angst uns lähmt,
wo wir morgen sind.
Gott, du bist so unendlich gut und groß.
Mein kleines Kind hier
auf meinem Schoß.
Gott, ich vertraue es dir an!
Hilf ihm,
wenn ich nicht weiterkann.
Du hast es trotz unsrer Angst uns gegeben.
Hilf, Gott.
schenk' ihm ein gutes Leben.
Trotz all der Kinder in Angst und Not,
es ist **mein Kind!**
Hilf ihm, guter Gott!

Du bist noch so klein
Du bist noch so klein,
und ich will dich schützen,
will dich halten,
will dich stützen,
immer lieben
jeden Tag,
so gut ich es vermag.

Schenke mit die Kraft, Gott,
diesem Leben
immer Schutz und Halt zu geben.
Hilf mir, Gott,
daß ich es vermag
jeden Tag.

Wir beten zusammen
Soviel hab' ich heut gesehn,
soviel Schönes ist geschehn.
Hilf mir, daß ich morgen dann
wieder viel erleben kann.
Amen.

Wir beten zusammen

Lieber Gott,
wir danken dir für all die kleinen schönen Dinge,
über die wir uns jeden Tag neu freuen dürfen:
für die Gänseblümchen
und die Schmetterlinge,
für die bunten Steine
und die Marienkäfer,
für den Grashüpfer, den wir heute gesehen haben
und für die Wiese mit den vielen Gräsern,
für das Kleeblatt mit vier Blättern
und für die vielen anderen Kleeblätter auch.
Wenn wir nur richtig hinsehen,
entdecken wir immer mehr.

Ich habe ein Bild gemalt!

Weil die Oma heute Geburtstag hat,
hat Mama ihr eine Vase gekauft
und Papa hat Blumen gekauft
und Opa einen Ring mit einem Glitzerstein
und Tante Uschi eine Decke
und Onkel Heinz eine Lampe.
Und ich habe der Oma ein Bild gemalt.
Die Oma hat sich über alles gefreut.
Aber mein Bild
hat sie in einen Bilderrahmen gesteckt
und an der Wand aufgehängt.
Mein Bild gefällt ihr am allerbesten,
hat meine Oma gesagt.
Danke, guter Gott!

Vom klein sein und groß werden

Einmal hat ein Kind zu seinem Vater gesagt: „Ich will nicht mehr so klein sein! Ich will so groß sein wie du!"
„Warum?" hat der Vater gefragt.
„Dann kann ich auf den Schrank gucken!" hat das Kind gesagt. „Und allein aus dem Fenster sehen. Und abends noch aufbleiben! Und allein einkaufen und Auto fahren!"
„Hm!" hat der Vater gesagt. „Ich möchte auch manchmal noch klein sein!"
„Wirklich?" hat das Kind gefragt.
„Ich könnte mit dem Bagger im Sandkasten spielen!" hat der Vater gesagt. „Auf der Rutschbahn rutschen, mich von Papa tragen lassen, Daumen lutschen!"
„Ich lutsche nicht mehr!" hat das Kind gesagt.
„Unser Bulli ist auch klein!" hat der Vater gesagt und den kleinen Hund gestreichelt. Wäre er so groß wie eine Kuh, könnte er nicht bei uns wohnen!"
„Hm!" hat das Kind gesagt und gedacht, daß der Vater eigentlich recht hat.
„Meine Kuh ist aber auch klein!" hat es dann gesagt.
„Weißt du, die Lisa!"
„Ja!" hat der Vater gesagt. „Sie ist aus Stoff und noch kleiner als Bulli!"
„Deshalb darf sie auch bei mir im Bett schlafen!" hat das Kind gesagt. „Eine richtige große Kuh darf das nicht!"
„Was ist besser, klein oder groß?" hat das Kind nach einer Weile gefragt.
„Das kommt darauf an!" hat der Vater gesagt. „Weil die Maus so klein ist, kommt sie auch in das Mauseloch."
„Die Giraffe kommt da nie hinein!" hat das Kind gesagt und gelacht. „Aber sie sieht viel mehr als die Maus, weil sie so groß ist!"
„Dann muß sich die Maus ein paar Stelzen kaufen!" hat der Vater gemeint.
„Du machst Unsinn!" hat das Kind gesagt. „Eine Maus hat doch gar kein Geld!"
„Da hast du recht!" hat der Vater gesagt und das Kind auf seinen Schoß gesetzt.
„Siehst du, ich kann mich nie auf deinen Schoß setzen. Du würdest platt wie ein Pfannkuchen!"
„Nur ein bißchen kannst du dich auf mich setzen!" hat das Kind gesagt.
„Aber das Huhn kann sich dem Schwein auf den Kopf setzten! Das Schwein aber nicht!
Dann wäre das Huhn platt …!"

„Wie ein Pfannkuchen!" hat der Vater gesagt.
„Aber wenn das Huhn wächst, dann wird es vielleicht größer als das Schwein, vielleicht noch größer als eine Kuh!"
„Das Huhn ist schon erwachsen!" hat der Vater gesagt. „Es wächst nicht mehr!"
„Schade!" hat das Kind gemeint und lange nachgedacht.
„Aber ich wachse noch!" hat es dann gesagt.
„Sicher!" hat der Vater gesagt und ein bißchen geseufzt.
„Ist auch egal!" hat da das Kind gesagt. „Aber jetzt darf ich im Garten in der kleinen Badewanne baden. Und du nicht!"
Und dann ist es ganz schnell hinaus gelaufen zum Sandkasten und der Badewanne.
Und das Wasser in der Wanne war schön warm.

● *Vom Suchen und finden*

Das Lied vom verlorenen Schäfchen

Text: Rolf Krenzer / Musik: Detlev Jöcker

2. Ich suche in Büschen und Hecken.
   Mein Schäfchen ist doch noch so klein!
   Wo kann es sich nur noch verstecken?
   Wo kann denn mein Schäfchen nur sein?

   3. Ich suche schon so viele Stunden.
      Mein Schäfchen, da hör' ich dich schrein!
      So hab' ich mein Schäfchen gefunden.
      Sagt, kann man noch glücklicher sein?

Du bist das Schäfchen und darfst dich verstecken.
Und Du, Du bist der Schäfer. Dir ist Dein Schäfchen fortgelaufen. Das ist schlimm.
Und Du bist ganz traurig. Jetzt suchst du solange, bis du es endlich wiederhast!

Im Gottesdienst können wir zunächst den Kindern die Geschichte vom guten Hirten und dem verlorenen Schaf erzählen. **Bei allem Erzählen ist dringend darauf zu achten, daß die Zeit von drei Minuten nicht überstritten wird.** Länger können die hier angesprochenen Kinder wirklich nicht intensiv zuhören.
Anschließend darf ein Kind das Schäfchen spielen und sich irgendwo im Raum verstecken. Nun soll ein Erwachsener (vielleicht die Mutter/der Vater) es suchen. Dazu singen wir das Lied.
Das Spiellied wird erfahrungsgemäß nach dem ersten Spiel immer wieder gewünscht. Und wir können es wirklich so lange spielen, wie Lust und Laune besteht oder bis jedes Kind einmal selbst das Schäfchen gespielt hat.
Eine sehr schöne Situation habe ich dabei erleben dürfen: Nach anfänglichem schüchternen Zögern waren Gottesdienstbesucher, die nicht wußten, daß wir einen Familiengottesdienst feierten, ohne Schwierigkeiten plötzlich mitten drin und halfen den Schäfchen, sich unter ihrer Bank usw. zu verstecken.
Das Spiellied erlaubt es auch, statt des Schäfchens **den Namen des Kindes einzusetzen,** das gesucht werden soll.

Ich suche den Peter schon lange ...
oder
Ich suche Daniela schon lange
und bin so betrübt und allein.
Drum frage ich traurig und bange:
Wo kann die Daniela nur sein?

Ich suche in Büschen und Hecken.
Daniela ist doch noch so klein.
Wo kann sie sich nur noch verstecken?
Wo kann die Daniela nur sein?

Ich suche schon so viele Stunden.
Daniela, jetzt darfst du laut schrein!
   (Das Kind darf einmal ganz laut „Hallo!" rufen).
So hab' ich Daniela gefunden.
Sagt, kann man noch glücklicher sein?

Selbstverständlich können wir auch den Teddy, die Ente oder sonst ein anderes Stofftier verstecken und suchen und den Liedtext entsprechend ändern.

Heiß oder Kalt

Wir verstecken einen Gegenstand, den unser Kind ganz besonders gern hat. Nun soll es den Gegenstand suchen.
Wenn das Kind ganz nahe daran ist, sage ich „Heiß!", entfernt es sich weiter davon, heißt es „kalt!".
Man kann auch auf einem Instrument laut und leise spielen, helle oder dunkle, hohe oder tiefe Töne gegenübersetzen und damit die Entfernung zu dem gesuchten Gegenstand deutlich machen.

Vertrauen

Jesus, ich verlaß mich drauf:
Du paßt immer auf mich auf!
Drinnen bist du immer hier,
draußen bist du neben mir.
Du gehst niemals fort, weil dann
mir noch was passieren kann.
Du paßt immer auf mich auf!
Jesus, ich verlaß mich drauf!

Kuschelgebet

Komm, kuschel dich ganz nah an mich,
dann spür' ich dich und du spürst mich.
Grad so nah wie du bei mir,
ist der liebe Gott bei dir
und ich weiß, genau wie ich,
liebt der liebe Gott auch dich.

Wenn ich mal fort bin

Wenn ich mal fort bin ...
    Aber du bist doch hier!
Wenn ich mich aber mal verlaufe ...
    Du verläufst dich doch nicht!
Wenn ich mich aber doch mal verlaufe ...
    Dann suche ich dich.
Wo suchst du mich?
    Zuerst hier im Zimmer,
    dann in unserer Wohnung,
    dann im Haus,
    dann im Garten,
    dann auf der Straße ...
Und dann?
    Dann rufe ich nach dem Papa
    und wir suchen dich zusammen.
Und dann?
    Dann helfen uns alle suchen, die dich kennen.
Warum?
    Weil wir dich alle so lieb haben!
Geht ihr auch zur Polizei?
    Hoffentlich finden wir dich vorher.
    Dann brauchen wir nicht zur Polizei zu gehen.
Und was noch?
    Wir beten zu Gott. Bitte hilf uns, daß wir unser Kind wiederfinden!
Und wenn ihr mich wieder habt?
    Dann freuen wir uns sehr!
Wer?
    Alle!
    Deine Mama und dein Papa und alle, die dich gesucht haben.
Warum?
    Weil wir dich so lieb haben!
Und Gott?
    Der freut sich auch!
Aber ich bin doch gar nicht fort!
    Gott sei Dank, du bist gar nicht fort.
    Du bist ganz nah bei mir!

Vom Suchen und Finden

Einmal hat ein Kind geweint, weil es seinen Teddy verloren hatte. Und ohne Teddy konnte das Kind nicht einschlafen.
„Ich singe dir ein Schlaflied!" hat seine Mutter gesagt und ihm ein Schlaflied gesungen. Das Kind hat zugehört und dann wieder geweint, weil es den Teddy nicht hatte.
„Ich gebe dir meinen Frosch!" hat der David gesagt und dem Kind seinen Frosch gebracht. Und seinen großen Stoff-Fisch dazu. Das Kind hat den Frosch und den Fisch in den Arm genommen und wieder geweint, weil es den Teddy nicht hatte.
„Ich gebe dir meinen Fuchs!" hat die Mira gesagt und ihm den Fuchs gebracht. Das Kind hat den Fuchs in den anderen Arm genommen und wieder geweint.
„Ich erzähle dir eine Geschichte!" hat der Vater gesagt und sich zu dem Kind gesetzt. „Und morgen suchen wir den Teddy, bis wir ihn finden!"
„Es ist eine alte Geschichte!" hat der Vater gesagt. „Jesus hat sie seinen Freunden erzählt!"
„Ich mag alte Geschichten!" hat das Kind gesagt und es sich gemütlich gemacht.
„Da war ein Schäfer, der hatte viele Schafe," hat der Vater erzählt.
„Ich habe auch viele Tiere!" hat das Kind gesagt. „Aber leider kein Schaf!"
„Einmal ist ein Schaf davongelaufen!" hat der Vater gesagt. „Es hat sich verirrt und ist nicht nach Hause gekommen!" „Da war der Schäfer sehr traurig", hat der Vater weiter erzählt. „Er hat gewartet und gewartet. Dann ist er losgegangen und hat es gesucht!"
„Vielleicht hat es der Fuchs erwischt!" hat das Kind gesagt. Da hat es den Fuchs neben sich auf das Kissen gelegt.
„Nein, der Fuchs hat dem Schaf nichts getan!" hat der Vater gesagt. Da hat das Kind den Fuchs wieder in seinen Arm genommen. Es hat den Fisch angesehen und gefragt: „Ist es ins Wasser gefallen?" Und gleich darauf hat es gerufen: „Dann braucht es doch eine Taucherbrille mit einem Schnorchel so wie ich, wenn wir zusammen ins Schwimmbad gehen!"
„Es ist nicht ins Wasser gefallen!" hat der Vater gesagt. „Aber es ist in den Dornen eines Strauches hängen geblieben. Da hat es der Schäfer gefunden!"
„Und wieder heimgebracht!" hat das Kind gesagt. „Da war er aber froh!"
„Das war ein lieber Schäfer!" hat das Kind nach einer Weile gesagt.
„Genauso lieb ist Gott!" hat der Vater gesagt.
„Jetzt will ich aber meinen Teddy!" hat das Kind da gesagt und fast schon wieder geweint. Doch da ist die Mutter mit dem Teddy gekommen. Sie hat ihn im Puppenwagen gefunden. Da war das Kind aber froh und konnte endlich einschlafen.

● *Vom Feiern*

Schön wird das Fest (Festlied zum Gottesdienst)
Text: Rolf Krenzer/Musik: Detlev Jöcker

Refrain: Schön wird das Fest,
        schön wird das Fest
        schön für dich und mich.

2. Winkst du mir zu,
dann winke ich
auch so wie du
und freue mich, denn:
Refrain: Schön wird das Fest ...

3. Lachst du mir zu,
dann lache ich
auch so wie du
und freue mich, denn:
Refrain: Schön wird das Fest ...

4. Komm, gib mir deine Hand,
und ich
geb' dir die Hand
und freue mich, denn:
Refrain: Schön wird das Fest ...

5. Und legst du deinen Arm
um mich,
mach ich's wie du
und freue mich, denn:
Refrain: Schön wird das Fest ...

6. Und tanzen wir dann,
   du und ich,
   dann dreh' ich mich
   und freue mich, denn:
   Refrain: Schön wird das Fest ...

7. Gott lädt uns heute
   zu sich ein,
   drum freun sich alle,
   groß und klein, denn:
   Refrain: Schön wird das Fest ...

Wir stehen im Kreis und beginnen mit dem Refrain. Danach brauchen wir uns nur nach der Textvorlage der einzelnen Strophen zu richten und das zu tun, wozu dort aufgefordert wird: Wir nicken uns zu, winken, lachen und gehen dann auf einen anderen zu, geben ihm die Hand, legen den Arm um ihn und drehen uns dann zu den beiden letzten Strophen im Tanz.

Bei der letzten Strophe kann sich der Tanz auch wieder auflösen, so daß wir dann in den Kreis zurück gehen.

Ein Spiellied, das **zu Hause** im kleinen Kreis anläßlich eines Kindergeburtstages eingesetzt werden kann.

Im Gottesdienst brauchen wir nicht unbedingt den Kreis dazu. Wenn die Gemeinde in den Bänken sitzt, können wir unserem rechten (linken) Nachbarn zuwinken usw. Wenn es zwischen den Bänken zum Tanzen etwas zu eng wird, können die, die das möchten, in den Mittelgang kommen.

Auch vor dem Altar und um den Altar herum, läßt sich dieses Festlied singen und spielen, weil wir sicher sind und dies auch im Text unseres Liedes aussprechen, daß Gott selbst dazu einlädt: Ein Fest zur Ehre und zur Freude Gottes.

Die Mutter betet / Der Vater betet

Guter Gott,
nun wollen wir heute zusammen das Fest feiern,
auf das sich unser Kind schon lange freut.
Hilf uns, daß es für uns alle ein schönes Fest wird
und unserem Kind die schönen Erlebnisse bringt,
die es sich erhofft.
Gott, wir wissen, daß du in unserer Mitte bist
und an unserer Freude deine Freude hast.
Amen.

Das Kind betet

Lieber Gott,
wir haben das Fest gut vorbereitet.
Wir haben gute Freunde eingeladen.
Wir freuen uns so auf das Fest.
Nun hilf uns, lieber Gott,
daß es ein schönes Fest wird.
Amen.

Wenn das schöne Fest beginnt

Wenn das schöne Fest beginnt,
will jeder fröhlich sein.
Ich komm' zu dir und lad' dich ein.
Und du sagst auch nicht nein!
Wenn das schöne Fest beginnt,
dann weiß ich, was ich tu,
wir beide, ich und du,
gehören doch dazu!

Geburtstagswunsch

Die Vögel musizieren.
Die Engel jubilieren.
Ich will dir gratulieren,
weil du Geburtstag hast.

Der Tag in deinem Leben,
der soll dir so viel geben.
Ich will so hoch dich heben,
weil du Geburtstag hast.

Der eine schenkt ein Blüs'chen,
der andere drei Nüßchen.
Von mir kriegst du ein Küßchen,
weil du Geburtstag hast.

Glückwünsche

Ich gratuliere dir
zu deinem Ehrentag
und wünsch' dir alles Liebe,
weil ich dich so sehr mag.

Ich wünsche dir von Herzen,
daß Gott immer bei dir ist
und daß du mich und den Geburtstag
nicht so schnell vergißt.

Gib mir deine Hände,
laß mich nah an dich heran,
damit ich dir von ganzem Herzen
gratulieren kann.

Weil du heute fröhlich bist,
freu ich mich mit dir.
Damit du das auch richtig merkst,
ja, deshalb bin ich hier.

Nach dem Fest

Nun gingen die letzten Gäste hinaus,
und still wird es wieder bei uns zu Haus.
Komm setz dich zu mir auf meinen Schoß.
War es denn schön? War denn was los?
Das waren ja heute
so viele Leute
und Spaß und Radau!
Wow!
Und jetzt sind wir zwei wieder ganz allein.
Schön ist es,
danach still zusammen zu sein.

Vom Feiern

Einmal hat ein Kind Geburtstag gehabt. Das Kind hat sich so gefreut, daß es alle Kinder aus der Straße zu seinem Geburtstag einladen wollte.
„Das sind viel zu viele! Die passen nicht in unser Wohnzimmer!" hat die Mutter gesagt. „Und wir haben nur elf Stühle! Vier Stühle im Wohnzimmer, vier Stühle in der Küche, zwei Stühle im Schlafzimmer und dein Stuhl aus dem Kinderzimmer!" Sie hat das Kind angesehen und gesagt: „Ja, da sind wir drei: Papa, du und ich. Und dann können wir noch acht Leute einladen. Mehr nicht!" Das hat das Kind eingesehen. „Sind acht viele Leute?" hat es dann seine Mutter gefragt. „Ziemlich viele!" hat die Mutter gemeint. „Und wen möchtest du gern einladen?"
Da hat das Kind an die Petra gedacht und an den Jonathan. Sie wohnen über ihnen und sind seine besten Freunde. „Und die Oma und den Opa?" hat die Mutter gefragt. „Die andere Oma und den anderen Opa auch!" hat das Kind gesagt.
„Gut!" hat seine Mutter gesagt. „Dann haben wir noch zwei Stühle übrig!" „Natürlich die Tante Tini und den Onkel Ulli!" hat das Kind gesagt und gelacht. Die Tante Tini ist nämlich seine Lieblingstante. Und seine Patentante noch dazu. „Gut!" hat seine Mutter gesagt. „An die habe ich auch gedacht!" Und dann hat die Mutter mit dem Kind zuerst die eine Oma und den einen Opa und dann die andere Oma und den anderen Opa angerufen und sie für heute nachmittag eingeladen.
Aber die wußten schon, daß das Kind Geburtstag hat und hatten sich schon vorgenommen, heute nachmittag zu kommen. Und Tante Tini und Onkel Ulli hatte das Kind letzten Sonntag bereits eingeladen. Das Kind hatte es nur vergessen.
Da brauchte das Kind nur noch nach oben zu Müllers zu gehen und zu klingeln. Aber Petra und Jonathan wußten auch längst, daß das Kind heute Geburtstag hatte. Es hatte sich ja bereits die ganze Woche schon darauf gefreut und nur noch von seinem Geburtstag erzählt.
Am Nachmittag sind alle zu dem Kind gekommen. Jeder hat ein Päckchen mitgebracht. Wie hat sich das Kind gefreut! Der Jonathan hat nur ein ganz kleines Päckchen für das Kind gehabt. Dafür hat er ihm aber einen dicken Kuß gegeben. Und in dem ganz kleinen Päckchen war ein Foto von Jonathan. Darüber hat sich das Kind sehr gefreut.
Es gab Kuchen und Torte. Dann haben sie alle zusammen gespielt. Und die Großen haben auch mitgemacht. So ein schönes Fest hat es sonst noch nie gegeben. Sie haben gefeiert, bis es dunkel wurde. Als schließlich das Kind ins Bett mußte, hat es gesagt: „Nächstes Jahr wünsche ich mir aber, daß mein Geburtstag nicht wieder so schnell herum ist!"
„Laß dir doch einfach noch einen zweiten Geburtstag schenken!" hat Onkel Ulli gesagt. Aber Onkel Ulli macht immer nur Witze.

● *Vom Liebhaben*

Wie groß ist Gottes Liebe?
Text: Rolf Krenzer / Musik: Detlev Jöcker

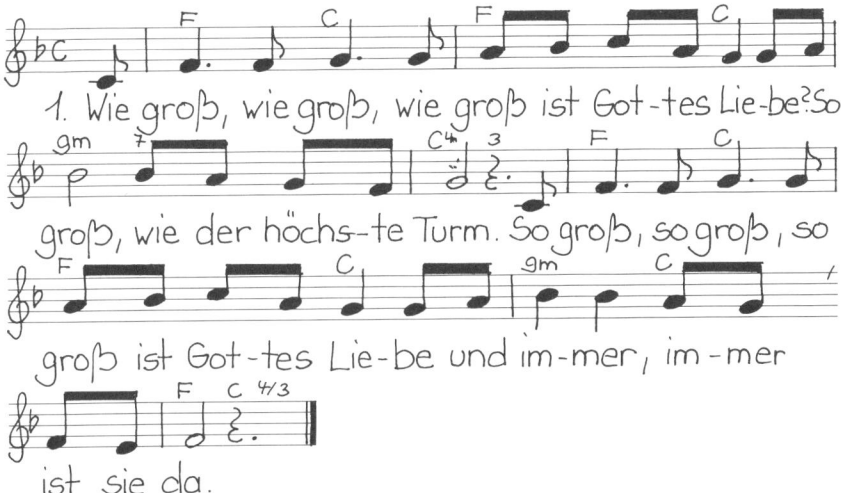

2. Wie hell, wie hell, wie hell ist Gottes Liebe?
   So hell, wie der Sonnenschein!
   So hell, so hell, so hell ist Gottes Liebe!
   Und immer, immer ist sie da.

3. Wie tief, wie tief, wie tief ist Gottes Liebe?
   So tief, wie das große Meer!
   So tief, so tief, so tief ist Gottes Liebe!
   Und immer, immer ist sie da.

4. Wie weit, wie weit, wie weit ist Gottes Liebe?
   So weit wie der Himmel ist!
   so weit, so weit, so weit ist Gottes Liebe!
   Und immer, immer ist sie da.

5. Wie stark, wie stark, wie stark ist Gottes Liebe?
   So stark, wie ein Fels im Sturm!
   So stark, so stark, so stark ist Gottes Liebe!
   Und immer, immer ist sie da.

6. Wie zart, wie zart, wie zart ist Gottes Liebe?
   So zart wie ein leichter Wind!
   So zart, so zart, so zart ist Gottes Liebe!
   Und immer, immer ist sie da.

Wir zeigen mit unseren Armen und Händen,
wie groß (recken, Arme hoch),
wie hell (Hände wie Sonnenstrahlen auseinander),
wie tief (nach unten zeigen),
wie weit (Arme so weit auseinander wie es geht),
wie stark (Beine breit, Hände mit Fäusten breit nach oben)
und zart (mit Armen und Händen den leichten Wind zeigen)
Gottes Liebe ist.

Du, deine Liebe ist so groß

Du, deine Liebe ist so groß.
Du gibst mir meine Mutter
und meinen Vater,
meine Geschwister
und meine Großeltern
und so viele Menschen,
die mich liebhaben.
Du gibst mir jeden Tag
Essen und Trinken,
eine Wohnung zum Wohnen
und ein Bett zum Schlafen.
Du läßt für mich
die Vögel singen,
die Schmetterlinge fliegen
und den Wind durch die Bäume wehen.
Du machst, daß ich zu Hause geborgen bin,
und lache und spreche und singe
und getröstet werde, wenn ich traurig bin.
Gott, ich danke dir!
Du, deine Liebe ist so groß!

Kinderpsalm

Gott, du bist so gut zu mir.
Wie ein Fels aus hartem Stein
stehst du immer neben mir
und wirst immer bei mir sein.

Gott, du bist so gut zu mir,
weil ich mit dir sprechen kann.
Du bist immer nah bei mir,
und ich weiß, du hörst mich an.

Gott, du bist so gut zu mir.
Du bist da, wo ich auch bin.
Immer bist du nah bei mir
und ich spür dich in mir drin.

Das Kind fragt

Wenn du mit Gott sprichst, wo ist er dann?
> Gott ist bei uns, wenn wir beten.

Ich kann ihn nicht sehen und nicht hören.
> Du spürst, daß er da ist, denn wir werden ganz ruhig. Wenn wir traurig sind, tröstet er uns.

Ich spüre nur dich!
> Dann spürst du ja doch etwas!

Ja, dich!
> Ich streichle dich zart mit meinen Händen. So zart streichelt dich Gott.
> Ich halte dich ganz fest in meinen Armen. So fest hält dich Gott.
> Siehst du, wie lieb ich dich habe?

Und Gott?
> Weil Gott dich so lieb hat, bin ich bei dir. Weil er mich so liebhat, hat er dich mir geschenkt. Und wenn wir uns so liebhaben, dann spüren wir, wie lieb uns Gott hat, dich und mich!

Dann hat dich Gott aber ganz besonders lieb!
> Warum?

Weil du grad mich gekriegt hast, Mutti.

Vom Liebhaben

Einmal hat ein Kind Streit mit einem anderen Kind gehabt.
Als es nach Hause kam, hat es so geweint, daß seine Mutter es trösten mußte.
„Ihr habt euch doch lieb!" hat die Mutter gesagt.
„Nein!" hat das Kind geantwortet und den Kopf geschüttelt. „Nie mehr!"
„Liebhaben ist nicht leicht!" hat die Mutter nach einer Weile gesagt.
„Doch!" hat das Kind da gerufen. „Ich habe dich lieb! Das ist ganz leicht!"
„Ja, einmal liebhaben ist leicht!" hat die Mutter gesagt. „Aber immer liebhaben, jeden Tag und jeden Tag, das ist schwer!"
„Und wenn man Streit hat?" hat das Kind gefragt.
„Dann kann man sich nur wieder vertragen, wenn man sich richtig lieb hat!"
„So ist das!" hat die Mutter gesagt.
„Kann man Liebe spüren?" hat da das Kind gefragt.
Seine Mutter hat nachgedacht und schließlich gesagt: „Es ist wie ein zarter Wind!"
„So schön wie die Luft vom Windrad?" hat das Kind gefragt.
„Ja, genau so!" hat die Mutter geantwortet.
Da hat das Kind das Mohrle auf dem Sessel gesehen. Es ist zu dem Mohrle gegangen und hat es gestreichelt. Da hat das Mohrle leise geschnurrt. Ja, das Mohrle liebhaben, ist leicht. Es schnurrt, wenn es lieb gestreichelt wird.
„Haben Katzen Mäuse lieb?" hat das Kind plötzlich gefragt.
„Wenn sie satt sind!" hat seine Mutter gesagt.
„Also hat unser Mohrle alle Mäuse lieb!" hat das Kind gesagt. „Es kriegt ja bei uns immer satt zu fressen."
„Hm!" hat die Mutter gesagt.
Und das Kind hat das Mohrle gestreichelt und gesagt: „Hörst du, Mohrle, du mußt die Mäuse ganz liebhaben. Nicht nur einmal! Immer! Jeden Tag!"
Und als sich das Mohrle faul und zufrieden im Sessel geräkelt hat, hat das Kind ihm noch gesagt: „Dann spürst du es wie einen zarten Wind!" Und es hat dem Mohrle ganz zart auf das Fell gepustet, so daß das Mohrle noch zufriedener geschnurrt hat.
„Siehst du!" hat das Kind zu dem Mohrle gesagt. „So schön ist das!"
Als es dann an der Tür geklingelt hat, hat das andere Kind vor der Tür gestanden.
„Kommst du wieder raus?" hat das andere Kind gefragt.
„Seid ihr euch wieder gut?" hat die Mutter die beiden Kinder gefragt.
„Wir haben uns doch lieb!" hat da das Kind gerufen und ist schnell zu seinem Zimmer gelaufen und hat seinen dicken roten Ball geholt.

● *Vom Geborgen sein*

Ich breite meine Arme aus

Text: Rolf Krenzer / Musik: Detlev Jöcker

1. Ich brei-te mei-ne Ar-me aus und lad' dich zu mir ein. Und sind wir ganz bei uns zu Haus, bist du bei mir, bin ich bei dir, dann sind wir nicht al-lein, dann sind wir nicht al-lein.

2. Gott breitet seine Arme aus
und lädt uns zu sich ein.
Und sind wir ganz bei Gott zu Haus,
ist Gott bei dir, ist Gott bei mir
und wir sind nicht allein.

(Die 3. Strophe wird gesummt.)

Wir stehen uns zu zweit gegenüber und breiten beide Arme weit aus. Dann gehen wir aufeinander zu und nehmen uns ganz zärtlich in die Arme. Wir wiegen uns dabei leicht hin und her. Noch schöner ist es, wenn wir die Augen dazu schließen.

Wir können uns auch gegenüberstehen und die ausgestreckten Hände reichen. Dann darf sich einer zwischen uns stellen, so daß wir ihn ganz behutsam schaukeln können. Dazu schließen wir alle drei die Augen.

Das Spiel läßt sich mit Mutter oder Vater, mit beiden Eltern oder im großen Kreis spielen. Dann wiegen sich zu dem Spiel viele Paare oder Dreiergruppen mit geschlossenen Augen und empfinden dabei, wie schön es ist, geborgen zu sein und sich dem andern anvertrauen zu können.

Wir können auch Eichhörnchen sein. Dann stellen die zwei Spieler den Baum dar, in dem das Eichhörnchen hineinklettert und dann ganz behutsam geschaukelt wird. Das wird in der dritten Strophe besonders schön, wenn alle ganz leise dazu summen.

Wo wir auch stehn

Wo wir auch stehn,
wohin wir gehn,
so wird es immer sein:
Gott ist bei dir,
Gott ist bei mir,
und wir sind nicht allein.

Der Himmel ist
hoch über uns
und hier bei uns zu Haus.
Gott ist bei dir,
Gott ist bei mir,
drum ruh' dich bei mir aus.

Weich und warm ist Muttis Arm

Weich und warm
ist Muttis Arm,
da bin ich ganz geborgen.
Ich schmieg' mich an
so fest ich kann …
und fort sind meine Sorgen.

Vatis Hand
vertraut, bekannt,
wenn wir zusammen stehen.
Ich faß ihn an
so fest ich kann …
und mir kann nichts geschehen.

Gott ist da,
mir immer nah.
Kann ich ihn auch nicht sehen.
Er ist bei mir
und immer hier.
Was kann mir da geschehen?

Schaukelboot

So tragen die Wellen das Boot.
Sie tragen es zärtlich und leise
und tragen nach uralter Weise
und tragen vom Morgen zum Abendrot.
So tragen die Wellen das Boot.

So schaukeln die Wellen das Boot,
sie schaukeln es zärtlich und leise
und schaukeln nach uralter Weise
und schaukeln vom Morgen zum Abendrot.
So schaukeln die Wellen das Boot.

So wiegen die Wellen das Boot.
Sie wiegen es zärtlich und leise
und wiegen nach uralter Weise
und wiegen vom Morgen zum Abendrot.
So wiegen die Wellen das Boot.

Wir nehmen unser Kind auf den Schoß, dabei kann es sich in unserem Arm sicher wie in einem kleinen Boot fühlen. Ganz leise und ruhig sprechen wir die Verse und schaukeln unser Kind ganz leicht dazu. Mit dem Sprechen und Schaukeln fühlen wir uns in unserem kleinen Boot geborgen.

Mutti, hast du Zeit für mich?

Mutti, hast du Zeit für mich?
Dann setze ich mich neben dich.
Was kann schöner sein?
Denn du hast mich,
und ich hab dich.
Und keiner ist allein.

Mutti, hast du Zeit für mich?
Dann reicht die Zeit für dich und mich.
Was kann schöner sein?
Ich krabbel dich,
du krabbelst mich,
und keiner ist allein.

Vom Geborgensein

Einmal hat ein Kind im Kaufhaus seine Mutter verloren.
Das Kind war immer neben seiner Mutter hergelaufen, aber plötzlich war seine Mutter nicht mehr da.
Zuerst hat das Kind überall zwischen den Kleidern und Schuhen nach seiner Mutter gesucht. Aber es hat sie nicht gefunden.
Dann hat das Kind bei den Hosen und Anzügen nachgesehen. Doch da war seine Mutter auch nicht.
Dann ist das Kind zur Rolltreppe gelaufen und ist zum nächsten Stock hinaufgefahren. Es hat bei den Möbeln gesucht. Und dann bei den Kühlschränken und Waschmaschinen. Aber da war seine Mutter auch nicht.
Da hat das Kind angefangen zu weinen. Aber nur ein bißchen, so daß es niemand gemerkt hat.
Nun ist das Kind wieder zur Rolltreppe gelaufen und ist zum nächsten Stockwerk hinaufgefahren. Da war es ganz oben in dem großen Kaufhaus.
Das Kind hat bei den Fernsehern und Schallplatten nach seiner Mutter gesucht.
Doch auch hier hat es eine Mutter leider nicht gefunden.
Da hat das Kind so weinen müssen, daß es fast nichts mehr gesehen hat. Es hat nicht geplärrt und geschrien. Es hat nur ganz leise vor sich hingeweint und ist immer weitergegangen.
So ist das Kind endlich auch zur Spielwaren-Abteilung gekommen. Aber das Kind hat es nicht bemerkt, weil es immer noch so geweint hat.
Plötzlich hat das Kind vor einem riesengroßen Tier gestanden.
Zuerst war das Kind sehr erschrocken.
Aber dann hat es sich die Augen gerieben und gesehen, daß das riesengroße Tier ein Elefant war. Und dann hat es noch gesehen, daß der Elefant gar kein wilder Elefant war. Es war ein riesiger Elefant aus Stoff, den sie in der Spielzeugabteilung aufgestellt hatten.
Da hat das Kind keine Angst mehr gehabt. Es hat sich die Tränen aus den Augen gewischt und ist zu dem Elefant gegangen.
Ganz nah ist es an den Elefanten herangegangen. So nah, daß es mit seinem Mund an das riesengroße Ohr des Elefanten heranreichte.
„Ich habe meine Mutter verloren!" hat das Kind dem Elefanten ganz leise ins Ohr gesagt.
Da hat der Elefant das Kind ganz lieb angesehen, und das Kind hat sich noch näher an den Elefanten gedrückt.
„Meine Mutter findet mich bestimmt wieder!" hat es dann dem Elefanten ins Ohr gesagt. Und der Elefant hat nichts gesagt, aber ganz gut zugehört.

Da ging es dem Kind gleich etwas besser.
„Ganz bestimmt!" hat das Kind gesagt und ist ganz ruhig geworden.
Es tat so gut, hier so ganz nah bei dem großen Elefanten zu sein.
Am liebsten wäre das Kind eine kleine Maus gewesen. Dann hätte es der Elefant auf seinen Rüssel genommen und so lange geschaukelt, bis es überhaupt keine Angst mehr gehabt hätte.
Aber das Kind war ein Kind und kein Mäuschen.
So hat sich das Kind ganz nah an den Elefanten gekuschelt.
Da hörte es auf einmal eine laute Stimme. Sie kam aus dem Lautsprecher, der über dem Elefanten an der Wand hing.
Die Stimme aus dem Lautsprecher sagte: „Eine Mutter vermißt ihre kleine Tochter Sandra. Wenn sie die kleine Sandra finden, bringen sie sie doch bitte zur Kasse 5 im zweiten Stock. Dort wartet ihre Mutter auf sie. Oder sagen Sie an irgendeiner Kasse Bescheid! Wo ist die kleine Sandra?"
„Hier!" hat das Kind ganz laut gerufen, so daß die Verkäuferin aus der Spielwaren-Abteilung es gehört hat und gleich zu ihm gekommen ist.
„Bist du die Sandra?" hat die Verkäuferin das Kind gefragt.
Das Kind konnte nur nicken.
„Das ist ein schöner Elefant!" hat die Verkäuferin dann gesagt, und das Kind hat wieder genickt und den Elefanten ganz zart gestreichelt.
„Ich rufe die Kasse 5 an!" hat die Verkäuferin gesagt und dem Kind ganz freundlich zugelacht. „Paß auf, gleich holt dich deine Mutti ab!"
Sie hat telefoniert, und das Kind hat sich an den Elefanten gekuschelt.
Und dann war seine Mutter plötzlich da.
Sie hat das Kind auf den Arm genommen und hat ihm einen Kuß gegeben.
So sehr hat sie sich gefreut, daß sie das Kind wieder hatte.
Das Kind hat der Mutter auch einen Kuß gegeben. Und dann durfte sich das Kind oben auf den riesengroßen Elefanten setzen. Das war schön!
Aber am schönsten war, daß das Kind seine Mutter wieder hatte.

● *Vom Wichtignehmen und Wichtigsein*

Ja, wir Kleinen (Jesus und die Kinder)
Text: Rolf Krenzer / Musik: Detlev Jöcker

2. Als sie einst um Jesus tollten,
und die Großen das nicht wollten,
war'n die Kleinen,
ja, die Kleinen
ihm wichtig
und richtig,
und Jesus lud sie ein,
doch ganz nah bei ihm zu sein.

3. Und die Großen sah'n ihn lachen,
weil sie ihn so glücklich machten,
denn die Kleinen,
ja, die Kleinen
sind wichtig
und richtig.
Drum sagt er: „Lernt und schaut,
wie mir jedes Kind vertraut!"

4. Wenn die Großen sich getrauen
und wie Kinder auf ihn bauen,
sind die Kleinen,
ja, die Kleinen
so wichtig
und richtig,
denn Jesus sagte: „Seht,
wie mich jedes Kind versteht!"

5. Wenn auch viele Große meinen,
kleine Leute sind nicht wichtig,
sind wir Kleinen,
ja, wir Kleinen
hier wichtig
und richtig,
denn wir gehör'n dazu,
zur Gemeinde grad wie du!

6. Wenn auch viele Große meinen,
kleine Leute sind nicht wichtig,
sind wir Kleinen,
ja, wir Kleinen
hier wichtig
und richtig,
denn Jesus sagt es ja:
Ich bin doch für alle da!

Das Lied schließt direkt an die Geschichte von der **Kindersegnung** an. Wir können es in ein Spiel umsetzen, wobei wir die Spielgruppe in zwei Parteien einteilen. Die eine Gruppe spielt die Kinder, die andere die Erwachsenen. Die großen Leute können mit entsprechenden Kleidungsstücken ausgestattet werden (Jacke des Vaters, Hut usw.)

Zur ersten Strophe kommen die Kinder heraus und laufen auf einen Mitspieler, der Jesus darstellt, zu. Sie bilden einen oder zwei Kreise und gehen um ihn herum.

Darauf kommen die „Erwachsenen" und versuchen, die Kinder von Jesus wegzudrängen. Sie versuchen, einen eigenen viel engeren Kreis direkt um Jesus herum zu ziehen. Als ihnen das fast gelungen ist, öffnet Jesus selbst den Kreis und tritt heraus. Nach und nach verbinden sich die „Erwachsenen" mit den „Kindern" und bilden einen oder mehrere Kreise um Jesus herum, wobei jeder Mitspieler einen gleichwertigen und gleichberechtigten Teil dieses Kreises darstellt. Jesus kann auch selbst mit in den Kreis einbezogen werden.

Als Ergänzung zu dem Lied kann auch das Lied „Als der Herr die Stadt besucht!" herangezogen werden (in Liedheft und MC „Heut ist ein Tag, an dem ich singen kann", Menschenkinder-Verlag, Münster)

Die Mutter betet/ Der Vater betet

Vater im Himmel, wir kommen mit unserem Kind zu Dir.
Wir sind so dankbar, daß es gesund ist und mit wachen Augen in diese Welt hineinwächst, die Deine Welt ist.
Und doch haben wir solche Sorge um unser Kind, wenn wir Tag für Tag erleben müssen, daß wir Erwachsenen dabei sind, diese Welt immer unbewohnbarer und hoffnungsloser zu machen.
Macht und Geld haben bewirkt, daß Luft und Wasser verschmutzt sind und wir nicht mehr wissen, wohin wir mit unserem Müll und Abfall noch sollen. Obwohl wir alle wissen, daß wir die Zukunft unserer Kinder ruinieren, hält keiner an. Und die Versprechungen derjenigen, die das Sagen in unserer Welt haben, sind nur vage und letzlich bedeutungs- und wirkungslos.
Hilf uns, guter Vater, daß wir gegen die Gleichgültigkeit und das Wohlverhalten selbst angehen, gegen passiven Konsumrausch und gegen das Eingeschläfertwerden durch so viele Medien. Hilf uns, daß wir wach werden und wach bleiben. Schenke uns Mut und Hoffnung und viele Mitstreiter für die Interessen unserer Kinder.
Hilf uns, daß wir stark werden, damit unser Kind sein Leben nicht auf einem Müllberg fristen muß.
Nimm dich Deiner Kinder an, guter Vater, und hilf uns Erwachsenen, sie zu beschützen und in eine gute Zukunft zu führen in einer Welt, die doch Deine Welt ist.
Herr, mach uns stark, weil wir so schwach sind!

Kindergebete

Guter Gott, ich bitte dich,
steh mir bei und stütze mich,
daß ich hier auf dieser Welt
tu, was Dir, mein Gott, gefällt.

Lieber Gott, bin ich auch klein,
laß mich stark und mutig sein.
Lehr' mich, Leid und Unrecht sehn.
Hilf, dagegen anzugehn.

Weil ich Dir vertraue
und fest auf Dich baue,
weiß ich, Du läßt mich
nie im Stich!

Weil du mir mein Leben
und so viel gegeben,
Weiß ich, Du bist ja
immer da!

Wenn ich zu Dir bete,
wenn ich mit Dir rede,
weiß ich, Vater, du
hörst mir zu.

Lieber Gott, ich bin noch klein.
laß mich wachsen und gedeihn
wie die Blumen auf dem Feld
hier in deiner schönen Welt.

Lieber Gott,
ich möchte später nicht auf einer Müllkippe leben,
ich möchte immer sauberes Wasser trinken
und satt zu essen haben.
Hilf doch, daß die Erwachsenen dafür sorgen.
Wenn ich erwachsen werde,
will ich dafür sorgen,
daß meine Kinder so leben können wie ich jetzt.
Ja, das will ich, lieber Gott.
Hilf mir, daß ich es nicht vergesse,
wenn ich einmal erwachsen werde.

Vom Wichtignehmen und Wichtigsein

Einmal hat ein Kind für seine Eltern fünf Brötchen und drei Salzbrezel holen sollen. Es war nämlich Samstag und der Vater brauchte nicht zur Arbeit. Das Kind war gleich losgelaufen, denn es hatte schon oft allein für seine Mutter etwas in dem Bäckerladen eingekauft.
Im Bäckerladen hat das Kind lange warten müssen, denn vor der Theke hat eine lange Reihe gestanden, weil so viele Leute am Samstagmorgen Brötchen kaufen wollten. Das Kind hat sich hinten angestellt und geduldig gewartet, bis es endlich an der Reihe war.
„Fünf Brötchen und drei Salzbrezel!" hat das Kind gesagt. Die Verkäuferin aber hat es nicht gehört, denn ein Mann, der hinter dem Kind gestanden hat, hat viel lauter geschrien. Er wollte vier Brötchen und ein Vollkornbrot. Die Verkäuferin hat ihm alles gegeben. Der Mann hat die Brötchen und das Brot eingepackt und bezahlt. Dann ist er fortgegangen.
„Fünf Brötchen und drei Salzbrezel!" hat das Kind wieder gesagt.
Die Verkäuferin hat es aber wieder nicht gehört. Eine Frau hat sich einfach vorgedrängt und ganz laut gesagt: „Fünf Stückchen Pflaumenkuchen und acht Brötchen!" Die Verkäuferin hat der Frau den Kuchen und die Brötchen gegeben. Die Frau hat alles bezahlt und ist gegangen. „Zwölf Brötchen!" hat da bereits die nächste Frau gerufen.
„Jetzt ist aber zuerst das Kind dran!" hat die Verkäuferin gesagt.
Fünf Brötchen und drei Salzbrezel wollte das Kind wieder sagen, ist aber vor Schreck auf einmal ganz still geworden.
Eine Frau hat nämlich ganz böse geschrien: „Ich bin jetzt dran!" Und ein Mann hat das Kind zur Seite geschubst und gesagt, daß Kinder viel mehr Zeit haben als Erwachsene und deshalb warten sollen!
Das Kind wäre am liebsten davongelaufen. So erschrocken war es.
Die Verkäuferin aber hat das Kind angelacht und gefragt: „Was möchtest du denn haben?" Sie hat sich nicht um das Schimpfen der Erwachsenen gekümmert.
Jetzt war das Kind aber so erschrocken, daß es nichts sagen konnte. Kein einziges Wort hat es herausgebracht.
„Möchtest du Brötchen?" hat die Verkäuferin das Kind gefragt. Da hat das Kind genickt und „Fünf!" gesagt. Und als die Verkäuferin ihm die Brötchen gegeben hat, da hat es noch „Und drei Salzbrezel!" gesagt. Und dann hat es alles bezahlt.
Die Verkäuferin aber hat zu den Leuten gesagt: „Kleine Kunden sind genau so wichtig wie große. Die Brötchen kosten für alle gleich. Und gerecht muß es bei uns zugehen!"
Da haben die Erwachsenen nicht mehr geschimpft.
„Jetzt sind Sie dran!" hat sogar die Frau zu dem Mann gesagt und gewartet, bis sie selbst an der Reihe war.

● *Vom Danken*

Guter Gott, drum danken wir

Text: Rolf Krenzer / Musik: Detlev Jöcker

2. Weil Gott an uns denkt
und uns so viel schenkt,
weil er jeden Tag
zeigt, wie er uns mag,
Refrain:
Guter Gott, drum danken wir
dir dafür, dir dafür.
Guter Gott, denn du bist hier,
hier bei dir und mir.

3. Weil Gott uns so liebt
und uns alles gibt,
weil er Tag und Nacht
gibt auf jeden acht.
Refrain:
Guter Gott, drum danken wir
dir dafür, dir dafür.
Guter Gott, denn du bist hier,
hier bei dir und mir.

Wir können zeigen, wie froh wir darüber sind. Wir können lachen, klatschen, springen, tanzen … und zeigen, wie gut wir uns fühlen, weil wir bei ihm geborgen sind.
Guter Gott, drum klatschen wir
dir dafür, dir dafür … usw.

Zum Kuscheln und Wohlfühlen

Papa ist zu Haus.
Papa ruht sich aus.
Ich auch! Ich auch
auf Papas Bauch.

Bei Mama ist es warm.
Bei Mama ist es warm.
Mir auch! Mir auch
in Mamas Arm.

Am schönsten ist's zu Haus.
Ich geh heut' nicht mehr raus.
Ich strecke meine Beine aus
und ruh' mich aus.
Am schönsten ist's zu Haus!

Weil Mama immer bei mir ist

Weil Mama immer bei mir ist,
weil mich mein Papa nie vergißt,
weil meine Schwester mir gefällt
und weil mein Bruder zu mir hält,
weil Opa mit mir singt und lacht
und Oma alles für mich macht,
will ich dem lieben Gott allein
von Herzen dankbar sein.

Abendgebet

Guter Gott, ich sag' gut' Nacht!
Du hast alles gut gemacht
Schlaf ich jetzt zufrieden ein,
weiß ich, du wirst bei mir sein.

Dank

Ich kann lachen und singen,
tanzen und springen,
meine Spielkiste tragen,
Purzelbaum schlagen,
flüstern und schreien,
weinen, mich freuen,
murren und knurren
schmusen und schnurren.
All das lieb' ich so.
Und Du liebst mich,
drum bin ich froh.

Gott ist immer da

Wer ist mein Vater? Gott oder Papa?
    Papa ist dein Vater.
Und Gott?
    Gott ist unser aller Vater. Papa betet auch zu Gott.
    Gott ist auch Papas Vater.
Und Opa?
    Opa ist Papas Papa, er ist Papas Vater.
    Und Gott ist auch Opas Vater.
Deiner auch?
    Ja. Gott ist der Vater von uns allen. Dein Vater, mein Vater ... und
    der Vater von allen Menschen, die Gott lieb haben.
Dann habe ich es gut!
    Warum?
Ich habe zwei Väter. Papa und Gott.
    Ja, so ist das. Du kannst sicher sein: Wenn Papa nicht da ist, ist Gott
    immer bei dir und paßt auf dich auf.
Und wenn Papa da ist?
    Paßt Gott auf dich und Papa auf!
Und wo ist der dann?
    Bei dir! Ganz nah bei dir. Wenn du ihn auch nicht sehen kannst,
    ist er immer ganz nah bei dir.
Bei dir auch?
    Ja, bei mir auch. Gott ist immer da! So nah ist Gott bei mir wie Papa
    und du.
Bei mir aber auch!
    Ganz bestimmt, mein Liebling, ganz bestimmt!

Vom Danken

Einmal hat sich ein Kind Spaghetti zum Mittagessen gewünscht. Das war an einem Sonntag, und dem Kind hat es so gut geschmeckt, daß es zwei Teller Spaghetti leergegessen hat.
„Puh!" hat es dann gesagt. „Jetzt kann ich nicht mehr!"
Sein Vater hat noch mehr Spaghetti gegessen als das Kind. Als er satt war, hat er der Mutter einen Kuß gegeben. „Danke!" hat er zu der Mutter gesagt und ihr beim Tisch abräumen geholfen. „Du hast wunderbar gekocht!"
Da ist das Kind ganz schnell hinter seiner Mutter hergelaufen und hat auch DANKE gesagt. Und es hat seine Mutter ganz fest gedrückt.
„Du hast ja einen ganz dicken Bauch!" hat die Mutter gesagt und gelacht.
„So gut hat es geschmeckt!" hat das Kind geantwortet.
„Und ich bin vielleicht müde!" hat der Vater gesagt und ein bißchen gegähnt.
„Ich glaube, ich habe heute etwas zu viel gegessen!"
Die Mutter hat geschmunzelt, weil der Vater das jeden Sonntag sagt.
„Ich halte nur ein winzigkleines Mittagsschläfchen!" hat dann der Vater gesagt und sich auf die Couch im Wohnzimmer gelegt.
„Schlaf nur, mein müder Kater!" hat die Mutter gesagt. Da hat der Vater die Augen zugemacht und einmal zufrieden geseufzt. Dann hat er ganz leise vor sich hingeschnarcht.
„Ich bin vielleicht auch so müde!" hat das Kind gesagt und sich neben den Vater auf die Couch gekuschelt.
Der Vater hat mit einem Auge geblinzelt und zu dem Kind gesagt: „Komm, mein Mäuschen, ruhe dich bei mir aus!" Er ist ein bißchen zur Seite gerückt, so daß das Kind genug Platz hatte. Dann hat er gleich weitergeschlafen.
„Danke!" hat das Kind gesagt und es sich neben seinem Vater gemütlich gemacht.
„Schläfst du schon?" hat das Kind nach einer Weile gefragt.
„Nein!" hat ein Vater leise geantwortet und mit einem Auge geblinzelt. Dann hat er weitergeschnarcht.
„Das ist gut!" hat das Kind gesagt. „Dann habe ich dich auch nicht gestört!"
„Hmhm!" hat sein Vater gesagt und wieder ein bißchen geschnarcht.
„Danke!" hat das Kind ganz, ganz leise gesagt und seinem Vater einen Kuß auf die Backe gegeben.
„Was ist jetzt los?" hat der Vater müde gefragt.
„Ich habe danke gesagt!" hat das Kind geantwortet.
„Warum?" hat der Vater gefragt und beide Augen aufgemacht.
„Weil du da bist!" hat ihm das Kind erklärt. „Weil du so lieb bist und weil es dich gibt!"

Da hat sein Vater gelächelt. „Wenn du noch für etwas danken willst, kannst du es gleich tun!" hat er dann gemeint.
„Warum?" hat das Kind gefragt.
„Dann könnten wir danach schlafen!" hat der Vater gesagt.
Da hat das Kind gleich gewußt, wofür es alles danken will. Für die Sonne und den schönen Tag, für das gute Essen, für die schönen Blumen auf der Fensterbank, für den Saft, für das Mobile mit dem Mond und den Sternen ...
Dabei ist das Kind so müde geworden, daß es fast nichts mehr sagen konnte.
„Und für dich!" hat es schließlich noch gesagt, dann ist es eingeschlafen.
Als später seine Mutter leise ins Zimmer kam, mußte sie lachen.
Lange hat sie vor der Couch gestanden und zugesehen, wie die beiden zusammen schliefen.
„Danke!" hat sie dann gesagt – aber so leise, daß es keiner hören konnte.
„Danke für den faulen Kater und für unser Mäuschen!"

• *Vom Angsthaben*

Hab keine Angst
Text: Rolf Krenzer / Musik: Detlev Jöcker

2. Hab keine Angst
und hab ein bißchen Mut.
Ich bin doch immer bei dir.
Es wird ja alles gut.
Komm, kuschel dich
ganz nah an mich,
dann kann dir nichts geschehn.
Denn du hast mich,
und ich hab dich.
Und deine Angst,
die wird schon bald vergehn.

3. Hab keine Angst,
egal, was auch geschieht.
Ich bin doch immer bei dir.
Drum sing doch einfach mit.
Komm, kuschel dich
ganz nah an mich,
dann kann dir nichts geschehn.
Denn du hast mich,
und ich hab dich.
Und deine Angst,
die wird schon bald vergehn.

4. Hab keine Angst,
   ich bin dir doch so nah.
   Ich bin noch immer bei dir.
   Und Gott ist immer da.
   Komm, kuschel dich
   ganz nah an mich,
   dann kann dir nichts geschehn.
   Denn du hast mich,
   und ich hab dich.
   Und deine Angst,
   die wird schon bald vergehn.

Zu dem Lied nehmen wir unser Kind auf den Schoß, drücken es fest an uns und schaukeln es ganz zärtlich hin und her.
Im Gottesdienst können wir einen Kreis bilden und uns fest an den Händen anfassen oder die Arme umeinander oder den Kindern (Erwachsenen) links und rechts um den Hals legen.
Wir können auch alle die Augen schließen und langsam und vorsichtig im Kreis nach verschiedenen Richtungen herumgehen. Wen wir treffen, berühren wir oder geben ihm die Hand, streicheln ihn, drücken ihn. All das sollte ganz behutsam vor sich gehen. Wir sollten uns dabei Zeit füreinander lassen, bevor wir mit geschlossenen Augen wieder weitergehen.
Wir können dies auch in einem abgedunkelten Raum tun. Dann brauchen wir die Augen nicht zu schließen.

Deine Angst

Ist die Angst, mein Kind, so groß?
Komm zu mir auf meinen Schoß.
Und ich laß' dich nicht mehr los.
Schau, du bist nicht allein,
und die große Angst wird klein
und wird
irgendwann
vergangen sein.

Hast du manchmal Angst?

Hast du manchmal Angst?
　　Ja, manchmal schon.
Große Angst?
　　Ja, auch große Angst.
Und was machst du dann?
　　Ich bete. Ich erzähle dem lieben Gott, daß ich solche Angst habe.
Und dann ist die große Angst gleich weg?
　　Nein, aber dann geht es mir besser.
Warum?
　　Weil ich nicht mehr allein mit meiner Angst bin.
Wenn ich Angst habe, komme ich immer zu dir.
　　Du hältst mich lieb und erzählst mir von deiner Angst.
Dann ist es ja bei mir genauso wie bei dir.
　　Ja, du kommst zu mir, und ich bete zu Gott. Und Gott tröstet mich.
Und wenn du mich einmal nicht trösten kannst?
　　Dann beten wir zusammen, du und ich.
Und dann wird Gott uns trösten?
　　Ja, ganz bestimmt wird er das tun!

Lenchen, Irenchen

Lenchen, Irenchen,
mach' nicht so'n Gesicht!
Du siehst ja vor Tränchen
die Sonne heut' nicht.

Lenchen, Irenchen,
was ängstigt dich so?
Wisch ab deine Tränchen
und sei wieder froh!

Lenchen, Irenchen,
paß auf, du wirst sehn:
Vertrocknen die Tränchen,
wird's bald wieder schön!

Das Kind betet

Lieber Gott,
weil meine Angst so groß ist,
bitte ich dich:
Tröste mich
und laß meine Angst
winzigklein werden.

Vom Angsthaben

Einmal hat ein Kind abends solche Angst gehabt, daß es nicht einschlafen konnte.
„Mama!" hat das Kind ängstlich gerufen. „Vor dem Fenster ist etwas!"
„Das ist nur der Wind!" hat seine Mutter gesagt. Sie hat das Kind auf den Arm genommen und ist mit ihm zum Fenster gegangen.
Da hat das Kind gesehen, wie die Äste des großen Baums im Garten ganz leicht hin und her geschwankt sind.
„Sieh nur", hat seine Mutter gesagt, „die Blätter tanzen im Wind!"
„Hmhm!" hat das Kind leise gesagt und zugesehen.
„Und jetzt kannst du sicher einschlafen!" hat seine Mutter gesagt und das Kind zurück ins Bett getragen. Sie hat es zugedeckt und ihm einen Gutenachtkuß gegeben. Und das Kind hat seine Augen zugemacht und „Gute Nacht!" gesagt.
Als aber seine Mutter gegangen war, da hat das Kind wieder solche Angst gehabt, daß es nicht einschlafen konnte.
„Mama!" hat das Kind ängstlich gerufen. „Am Fenster ist etwas!"
„Ein dicker Brummer!" hat die Mutter gesagt. „Er hat sich in dein Zimmer verirrt. Wir haben das Fenster geschlossen, und er ist gefangen. Und jetzt bumst er immer gegen die Scheiben!"
Sie hat das Fenster geöffnet. Da ist der dicke Brummer hinausgeflogen. Da hat das Kind wieder seine Augen zugemacht und „Gute Nacht!" gesagt.
Als seine Mutter gegangen war, ist das Kind fast eingeschlafen. Aber dann hat es plötzlich wieder gerufen. „Mama, im Zimmer ist etwas!"
Da ist sein Vater gekommen.
„Was ist denn hier heute abend los?" hat er gefragt und sich im Zimmer umgeblickt.
„Ruhe!" hat er ganz laut gesagt. „Ruhe jetzt hier im Zimmer!"
„Schrank, sei endlich still!" hat der Vater gesagt. „Schublade, halte deinen Mund! Stuhl, hör' endlich auf zu quietschen! Keinen Mucks, mehr, Teppich! Und du alte Spielkiste, wirst du jetzt endlich mit dem Plappern aufhören! Merkt ihr denn nicht, daß unser Kind schlafen will?"
„So!" hat der Vater dann gesagt und sich neben das Kind auf das Bett gesetzt. „Jetzt ist endlich Ruhe hier!"
„Und wenn wieder einer anfängt?" hat das Kind leise gefragt.
„Das getraut sich keiner!" hat sein Vater geantwortet. „Ich bleibe noch ein bißchen hier und passe auf!"
Er hat sich neben das Kind auf das Bett gesetzt.
„Das ist gut!" hat das Kind gesagt und sich ganz eng an seinen Vater gekuschelt. Jetzt hat es keine Angst mehr gehabt.
Der Vater hat neben dem Kind auf dem Bett gesessen und ist immer

müder geworden. Da hat er seine Beine hochgehoben und sich neben das Kind in das Bett gelegt.
„Das ist gut!" hat das Kind gesagt und hat sich noch enger an seinen Vater gekuschelt. So eng, daß der Vater ganz bequem seinen Arm um das Kind legen konnte.
„Hast du jetzt keine Angst mehr?" hat der Vater leise gefragt.
„Kein bißchen!" hat das Kind geantwortet. Und gleich hinterher: „Wenn du bei mir bist!"
„Gute Nacht!" hat das Kind noch gesagt, und dann ist es endlich eingeschlafen.
Da ist sein Vater ganz leise auf Zehenspitzen hinausgegangen.
„Jetzt schläft es endlich!" hat er im Wohnzimmer zu der Mutter gesagt.

● *Vom Singen und Tanzen*

Singen unterm Regenbogen

Text: Rolf Krenzer / Musik: Detlev Jöcker

2. Lachen unterm Regenbogen,
   Lachen, das steckt an.
   Seht den bunten Regenbogen,
   freut euch mit daran!
   Ich fang' an!
   Du bist dran!
   Jeder lacht, so laut er kann.
   Ich fang' an!
   Du bist dran!
   Ja, Lachen, das steckt an.

3. Tanzen unterm Regenbogen,
   Tanzen, das steckt an.
   Seht den bunten Regenbogen,
   freut euch mit daran!
   Ich fang' an!
   Du bist dran!
   Jeder tanzt, so gut er kann.
   Ich fang an!
   Du bist dran!
   Ja, Tanzen, das steckt an.

4. Danken unterm Regenbogen,
weil uns Gott verspricht
mit dem bunten Regenbogen:
Er vergißt uns nicht.
Schaut ihn an!
Freut euch dran.
So viel Farben sind zu sehn.
Schaut ihn an!
Freut euch dran!
Er ist so wunderschön!

Daß wir zu dem Regenbogenlied singen, lachen und tanzen können, sehen wir auf den ersten Blick, wenn wir nur einen Blick auf die fröhlichen Texte der einzelnen Strophen werfen.
Wir können uns im Kreis, aber auch in den Kirchenbänken, in mehreren Reihen hintereinanderstellen. Dazu brauchen wir verschiedenfarbige Tücher. Jede Reihe erhält die Tücher in einer anderen Farbe.
Jeder hält sein Tuch hoch oder schwenkt es leicht hin und her. Damit aber alle farbigen Tücher zu sehen sind, müssen wir ein bißchen aufeinander Rücksicht nehmen. Wer in der ersten Reihe ist, sollte sich hinhocken oder setzen. Die Menschen in der zweiten Reihe sind schon ein wenig größer, die nächsten stehen ... und die letzte Reihe darf sich sogar auf Stühle oder Kirchenbänke stellen. Noch höher geht es hinauf, wenn wir noch einen Tisch dazunehmen.
Im **Kreistanz können wir in verschiedenen Kreisen umeinandergehen.**

Warum?

Warum bin ich froh?
Warum bin ich so?
Warum?
Gott ist ja bei mir
und ist immer hier!
Darum bin ich froh!
Darum bin ich so!
Darum!

Gott loben

Die Sonne scheint zu dir herein.
Mein Kind, da darfst du fröhlich sein
und lachen und singen
und spielen und toben
und mit allem, was du kannst,
wenn du singst und tanzt,
Gott loben.

Unser Kind auf dem Schoß wird von Zeile zu Zeile wilder. Dann stehen wir auf und fassen uns an beiden Händen und tanzen im Kreis herum.

Ein bunter Regenbogen

Ein bunter Regenbogen
ist übers Land gezogen,
damit ihr's alle wißt,
daß Gott uns nicht vergißt.

Wir zeigen mit beiden ausgestreckten Armen den Regenbogen über uns.

Ein Kind lacht

Ein Kind lacht so laut es kann,
ein anderes plärrt und schreit,
eins schwätzt, daß man sonst nichts verstehen kann,
eins hämmert die ganze Zeit.
Eins dreht an den Radioknöpfen herum,
eins zieht mich von hinten und wirft mich fast um …
Stell' dir vor, sie wären nicht da …
oder immer nur stumm …
Glaub' mir,
dann gucktest du vielleicht dumm!

Zuerst das Meer

Zuerst das Meer;
darüber das Land.
Die Berge hoch
bis zum Himmelsrand.
Weit in der Ferne
Sonne, Mond und Sterne.
Ein Regenbogen steht über dem Land.
Ein Zeigen: Gott reicht uns immer die Hand.

Wir zeigen zunächst mit den Händen ganz tief in das Meer hinein, dann heben wir die Hände zu jeder Zeile etwas höher hoch, bis wir hoch über uns mit unseren Händen Sonne, Mond und Sterne zeigen können. Mit beiden ausgestreckten Armen fahren wir dann den Bogen des Regenbogens nach.

Vom Singen und Tanzen

Einmal hat ein Kind einen ganzen Vormittag lang gewartet, bis es endlich zu regnen aufgehört hat. Es wollte nicht mehr in der Wohnung bleiben. Nein, es wollte draußen mit seinen Freundinnen und Freunden spielen.
„Jetzt gehe ich aber!" hat das Kind gerufen und wollte gleich hinauslaufen.
„Halt!" hat seine Mutter gerufen. „Warte noch! Es regnet immer noch ein bißchen. Erst wenn die Sonne hinter den Wolken hervorkommt, dann wird es nicht mehr regnen."
Da hat das Kind am Fenster gestanden und gewartet und gewartet und gewartet, bis endlich die Sonne hervorkam.
„Jetzt darf ich aber hinausgehen!" hat da das Kind gesagt.
Da mußte es vorher noch die Regenjacke und die Gummistiefel anziehen. Draußen waren jetzt nämlich überall große Pfützen. Und die Bäume und Sträucher, die Büsche und das Gras, alles war noch vom Regen naß.
„Ich gehe zum Spielplatz" hat das Kind gesagt und ist losgelaufen.
Als es zum Spielplatz kam, waren seine Freunde nicht da.
Da ist das Kind gleich zurückgelaufen und hat bei seinen Freunden und Freundinnen an der Haustür geklingelt.
„Es ist doch noch so naß!" haben die Mütter gesagt. „Das Gras und die Büsche!"
„Wir gehen doch zum Spielplatz!" haben die Kinder gesagt, und da durften alle loslaufen. Vorher mußten alle noch ihre Gummistiefel und die Regenjacken anziehen. Und der dicke Willi mußte sogar noch einen Schirm mitnehmen.
Als sie dann zum Spielplatz kamen, war dort eine riesengroße Pfütze.
„Juchhu!" haben die Kinder da gerufen und sind mit ihren Gummistiefeln mitten hinein in die Pfütze gelaufen. Das war schön!
Sie sind immer wieder mitten durch die Pfütze gesprungen und haben viel Spaß gehabt, als sie dazu noch den Regenschirm aufgeklappt haben.
Sie waren so froh und ausgelassen, daß sie beim Springen und Herumplantschen noch laut gesungen haben:
„Durch die Pfützen flitzen,
daß die Pfützen spritzen,
ist das Schönste, was es gibt!"
Sie sind mitten durch die Pfütze gesprungen. Dann haben sie sich an den Händen angefaßt und sind in einer langen Kette durch die Pfütze gelaufen. Weil ihnen das so viel Spaß gemacht hat, haben sie sich an den Händen angefaßt und sind in der Pfütze herumgetanzt.
Dann haben die Kinder auf einmal den großen Regenbogen am Himmel gesehen. Er reichte über den ganzen Spielplatz und noch viel, viel weiter. Bis hin zu den Bergen und zum Wald.

Es hat noch ein ganz bißchen geregnet, doch die Kinder haben es nicht bemerkt. Aber die Sonne war auch da und hat hell und warm vom Himmel herunter geschienen.
Und dann hat das Kind entdeckt, daß sich ein Stückchen Regenbogen in der Pfütze spiegelt.
Da sind die Kinder ganz still geworden und haben immer wieder hinauf zum Himmel und dem Regenbogen geblickt. Dann haben sie über den Regenbogen in der Pfütze gestaunt.
Dann aber haben sie sich an den Händen gefaßt und sind nach Hause gelaufen.
„Seht nur, den wunderschönen Regenbogen!" haben sie gerufen. Sie haben ein Regenbogenlied gesungen und einen Regenbogentanz getanzt.
Ihre Eltern sind herausgekommen und haben sich auch über den Regenbogen gefreut. Und Rebekkas Mutter hat erzählt, daß der Regenbogen ein Zeichen Gottes ist. Rebekkas Mutter ist Pastorin. „Gott ist immer bei uns!" hat sie gesagt. „Und der Regenbogen ist das Zeichen dafür, wie lieb Gott uns hat! Deshalb dürfen wir uns immer wieder neu freuen und singen und tanzen und lachen!"
Da haben sich die Kinder wieder angefaßt und haben noch einmal ihr Regenbogenlied gesungen. Und die Großen haben gelacht und mitgesungen. Aber nicht so laut wie die Kinder.
Und keiner hat über die nassen Jacken und Gummistiefel geschimpft.
Als der Regenbogen nicht mehr zu sehen war, haben sie alle im Sonnenschein zusammengestanden.
Sie haben laut miteinander gesprochen und viel zu erzählen gehabt.
Die Kinder haben immer weiter gesungen und getanzt. So froh waren sie an diesem Tag.

• *Vom Träumen*

Gebt den Kindern ihren Platz

Text: Rolf Krenzer / Musik: Detlev Jöcker

2.
Gebt den Kindern ihren Platz,
daß ein jedes Liebe hat,
doch die Liebe, die es braucht,
mußt du ihm geben.
Es braucht deine Zärtlichkeit,
Sehnsucht und Geborgenheit.
Alle Liebe, die du hast,
braucht es zum Leben.

3.
Gebt den Kindern ihren Platz,
daß ein jedes Freude hat,
doch die Freude, die es braucht,
mußt du ihm geben.
Es braucht dich und deine Zeit;
innige Verbundenheit.
Alle Freude, die du hast,
braucht es zum Leben.

4.
Gebt den Kindern ihren Platz,
daß ein jedes Leben hat,
und sein Leben wird allein
von Gott gegeben.
Und sein Leben ist nicht dein!
Da gibts überhaupt kein Nein!
Denn sein Leben wird allein
von Gott gegeben.

5.
Gebt den Kindern ihren Platz,
daß ein jedes Träume hat,
doch die Träume die es braucht,
mußt du ihm geben.
Daß es mit dir träumen kann,
laß es nah an dich heran.
Alle Träume, die du hast,
braucht es zum Leben.

6.
Gebt den Kindern ihren Platz,
daß ein jedes Frieden hat,
doch den Frieden, den es braucht,
müssen wir geben.
Fangt darum gemeinsam an,
daß der Frieden wachsen kann.
Schaffe Frieden! Dein Kind
wird ihn weitergeben.

Soviel Kinder auf der Welt

Milch und Butter, Obst und Brot.
Herr, wir leiden keine Not.
Dafür sollen groß und klein
jeden Tag dir dankbar sein.

Soviel Kindern auf der Welt
es an Brot zum Leben fehlt;
schlafen abends hungrig ein.
Und wie wird es morgen sein?

Herr, wir leiden keine Not,
haben Butter, Obst und Brot.
Teilt ein jeder, was er hat,
werden alle Menschen satt.

Draußen regnet es

Draußen regnet es,
aber ich habe ein Dach über meinen Kopf.
Draußen ist es naß und kalt,
aber hier drinnen ist es warm und gemütlich.
Ich danke dir, guter Gott, für mein Zuhause.

Die Mutter betet / Der Vater betet

Gott, laß mich nie so erwachsen werden,
daß ich vergesse,
daß ich einmal ein Kind war.

Gott, laß mich nie so erwachsen werden,
daß ich einmal vergesse,
was ich mir gewünscht habe,
als ich noch ein Kind war.

Gott, laß mich nie so erwachsen werden,
daß ich vergesse,
wofür ich gekämpft habe,
als ich noch ein Kind war.

Gott, laß mein Herz nie erwachsen werden,
sondern immer so bleiben wie jetzt,
wenn ich hier mein Kind vor mir sehe:
heiß und mutig,
lebendig und wach
und immer verletzlich.

Jeden Tag

Frühstück, Mittagessen, Abendbrot
jeden Tag.
Spielen, Lachen und Singen
jeden Tag
Du, Mutti, bist da,
wenn ich morgens aufstehe,
wenn ich am Tag nach Hause komme
und wenn ich abends schlafen gehe.
Jeden Tag!
Danke für jeden Tag!

Bei uns zu Haus

Bei uns zu Haus ist's schön!
Das kannst du selber sehn.
Komm' doch einfach zu uns rein!
Schön ist's, bei uns zu Haus zu sein!

Mein Platz

An unserm Tisch hat jeder seinen Platz:
Papa sitzt auf der einen Seite,
Mama sitzt auf der anderen Seite
und ich mittendrin
zwischen Mama und Papa.

Wenn ich morgens ins Bett zu meinen Eltern darf,
hat jeder seinen Platz.
Papa liegt auf der einen Seite,
Mama liegt auf der anderen Seite
und ich mittendrin
zwischen Mama und Papa.

Wenn wir zusammen spazieren gehen,
geht Papa auf der einen Seite
und Mama auf der anderen Seite
und ich mittendrin
zwischen Mama und Papa.

Wenn wir uns so richtig lieb haben,
drückt mich Papa von der einen Seite
und Mama von der anderen Seite,
und ich mittendrin
drücke Mama und Papa.

Aneinander kuscheln

Aneinander kuscheln,
miteinander tuscheln
und das Haar verwuscheln,
irgendetwas nuscheln ...
einfach so ...
Miteinander kuscheln, tuscheln, nuscheln und verwuscheln
macht so froh.

Vom Träumen

Einmal hat ein Kind mitten in der Nacht plötzlich laut geweint und geschrien.
Da ist seine Mutter gleich zu ihm gekommen, hat das Licht angeknipst und das Kind in ihre Arme genommen.
Aber das Kind hat immer weitergeschrien.
Da ist auch sein Vater noch gekommen und hat sich neben die Mutter zu dem Kind auf das Bett gesetzt.
„Was ist denn los?" hat der Vater gesagt und dem Kind ganz zärtlich über den Kopf gestrichen.
„Es hat geträumt!" hat die Mutter gesagt.
Da ist das Kind wach geworden. Es hat seine Augen geöffnet und seine Eltern angesehen.
„Jetzt ist der schlimme Traum vorbei!" hat seine Mutter gesagt und dem Kind zugelächelt.
Da hat das Kind ganz tief geseufzt und hat plötzlich gewußt, daß es nicht mehr in dem Traum, sondern wieder richtig bei seinem Vater und seiner Mutter zu Hause war. Es hat den Traum schon fast vergessen.
„Ich habe Durst!" hat das Kind gesagt, und gleich hat ihm sein Vater ein Glas Tee geholt.
Das Kind hat den Tee getrunken und dann seinen Vater gefragt: „Träumst du auch machmal so schlimme Sachen?"
Sein Vater hat genickt. „Wenn ich aber wach werde", hat er gesagt, „dann liegt Mutti neben mir, und es ist alles gut!"
„So wie jetzt!" hat das Kind gesagt.
„Dann bin ich gleich wieder eingeschlafen!" hat sein Vater gesagt, „und dann habe ich etwas Wunderschönes geträumt!"
„Du schläfst auch gleich wieder ein!" hat die Mutter gesagt. „Ich wünsche dir dann einen ganz schönen Traum!"
„Träumst du auch gleich wieder?" hat das Kind gefragt.
„Vielleicht!" hat seine Mutter geantwortet. „Manchmal träume ich auch am Tag!"
„Ich auch!" hat sein Vater hinzugefügt. „Lauter schöne Träume!"
„Erzähl mir einen Traum!" hat das Kind gesagt. „Einen schönen Traum!"
Da hat die Mutter ihren schönen Traum von dem großen Baum erzählt: „Da war ein großer Baum mit vielen Ästen und Zweigen und so vielen Blättern, das man sie nicht zählen konnte. Und an dem Baum hingen die köstlichsten Früchte. Da gab es Äpfel und Birnen, Pflaumen und Weintrauben, Bananen und Pfirsiche ..."
„Und Apfelsinen?" fragte das Kind. Apfelsinen aß es nämlich am allerliebsten.
„Natürlich auch Apfelsinen!" sagte seine Mutter. „Das Besondere aber

war, daß ganz viele Kinder zu dem Baum kamen und sich sattessen konnten. Kinder aus Amerika und aus Indien, aus China und Japan, aus Rußland und aus Korea, aus Lappland und aus Polen. Kinder aus der ganzen Welt. Sie hatten sich alle lieb, und einer reichte dem anderen die köstlichen Früchte vom Baum hinunter. Da war ein Lachen und Singen, wie man auf der ganzen Welt noch nie gehört hat."

„War ich auch dabei?" fragte das Kind.

„Natürlich warst du dabei! Ich wünsche mir ja so sehr, daß du dein ganzes Leben lang immer lachen und singen kannst, daß du viele Freunde findest und mit ihnen alles teilst. Ich wünsche mir so sehr, daß alle Kinder satt werden!"

„Und was hast du geträumt?" hat das Kind darauf seinen Vater gefragt.

Da hat ihm der Vater seinen Traum von der Stadt erzählt:

„Da war eine wunderschöne Stadt mit vielen kleinen bunten Häusern. Die Kinder spielten auf der Straße, denn die Autos waren in der Stadt abgeschafft. Dafür wuchsen überall Blumen und Sträucher. Die Menschen aber hatten sich gern. Sie teilten alles miteinander, Freude und Kummer. Deshalb gab es auch keine reichen und armen Leute. Und natürlich auch keine Diebe. So eine Stadt möchte ich gern bauen. In so einer Stadt möchte ich für immer wohnen!"

„Vielleicht träumst du jetzt auch von dem schönen Baum oder der Stadt!" sagte die Mutter zu dem Kind.

„Ich träume nur von dem schönen Baum!" sagte das Kind. „Er soll mitten in unserem Garten stehen!"

„Aber wir haben doch gar keinen Garten!" sagte sein Vater.

„Der Garten ist auch nicht so wichtig!" hat das Kind gesagt: „Ich träume ja von dem Baum! Den Baum brauche ich! Vati kann eine Schaukel an einem Ast festmachen, und ich kann dann schaukeln und schaukeln und schaukeln …"

„Wir haben noch nicht einmal einen Garten!" hat seine Mutter gesagt.

„Wir werden auch einmal einen Garten haben!" hat der Vater gesagt und den Arm um die Mutter gelegt.

Aber das Kind hat nicht gehört und nichts gesehen. Es hat seine Augen längst zugehabt und hat von dem großen Baum geträumt. Am Baum hat sein Vater für das Kind eine wunderschöne Schaukel angebracht. Das Kind sitzt auf der Schaukel und schaukelt und schaukelt und schaukelt.

„Schau mal, es lächelt!" hat sein Vater der Mutter ins Ohr geflüstert.

„Träume etwas ganz Schönes!" hat die Mutter gesagt.

„Es träumt ja schon!" hat der Vater gesagt und sich gefreut.

● *Vom Glauben*

Wir kleinen Menschenkinder

Text: Rolf Krenzer / Musik: Detlev Jöcker

2. Wir sind zu dir gekommen,
   wir sind gekommen,
   um dir zu danken, um dich zu loben,
   weil wir dich lieben, guter Gott,
   um dir zu danken, um dich zu loben,
   weil wir dich lieben, guter Gott!

   3. Herr, wenn wir heute gehen,
      Herr, wenn wir gehen,
      dann bleibe bei uns und segne alle,
      weil wir dich lieben, guter Gott,
      dann bleibe bei uns und segne alle,
      weil wir dich lieben, guter Gott.

Jede einzelne Strophe kann für sich stehen oder als Rundgesang gesungen werden.

Bewegungen zum Lied

1. Wir kleinen Menschenkinder, wir Menschenkinder,
   > Wir zeigen mit den Händen wie klein, bzw. wie groß wir sind.

   sind losgegangen,
   > Mit den Füßen auf dem Platz gehen, mit den Händen in die Richtung zeigen, woher wir gekommen sind.

   und hergekommen,
   > Vor uns auf die Erde zeigen.

   weil wir dich lieben,
   > Hände hochhalten.

   guter Gott.
   > Hände hoch und weit auseinander.

2. Wir sind zu dir gekommen, wir sind gekommen,
   > Wir zeigen mit den Händen auf uns,

   um dir zu danken,
   > Wir halten die Hände wie eine Schale vor uns.

   um dich zu loben,
   > Hände weit öffnen,

   weil wir dich lieben,
   > Hände hochhalten,

   guter Gott.
   > Hände hoch und weit auseinander.

3. Herr, wenn wir heute gehen, Herr, wenn wir gehen,
   > Wir winken mit beiden Händen,

   dann bleibe bei uns,
   > Hände vor uns,

   segne uns alle,
   > Kopf senken,

   weil wir dich lieben,
   > Hände hochhalten,

   guter Gott.
   > Hände hoch und weit auseinander.

Wir kleinen Menschenkinder

Guter Gott,
du liebst alle Kinder.
Mach doch,
daß die kranken Kinder
bald wieder gesund werden.
Amen.

Es leuchten Mond und Sterne

Es leuchten Mond und Sterne,
und leise kommt die Nacht.
Wir haben uns so gerne,
und Gott gibt auf uns acht.

Noch ein kleines Schwätzchen

Noch ein kleines Schwätzchen.
Streck dich wie ein Kätzchen.
Noch ein letztes Späßchen.
Reib' noch mal dein Näschen.
Kitzle dich ein bißchen.
Geb' dir noch ein Küßchen.

Suche dir dein Eckchen.
Kuschle dich ins Deckchen.
Schlaf fest wie ein Bärchen.
Träum' ein schönes Märchen.
Bet' mit mir zur guten Nacht:
Lieber Gott, gib auf mich acht!

Vom Glauben

Einmal ist ein Kind mit seinen Großeltern zum Gottesdienst in die Kirche mitgegangen.
„Hat es dir in der Kirche gefallen?" haben die Großeltern gefragt, als sie zusammen nach Hause gingen. Da hat das Kind den Kopf geschüttelt. „Es war langweilig!" hat es gesagt. „Am liebsten wäre ich davongelaufen!"
„Es war also nicht schön?" hat sein Opa noch einmal gefragt.
„Der Jesus am Kreuz hat geweint!" hat das Kind gesagt. „Er hat mir Angst gemacht!"
„Hm!" hat sein Opa nachdenklich geantwortet. „Er hat aber doch am Kreuz gehangen."
„Und dann ist er zu Gott gegangen!" hat das Kind gesagt. „Ich möchte auch kein Bild in meinem Zimmer, auf dem ich immer nur weine!"
Seine Oma nickte. „Lieber ein fröhliches Bild!" meinte sie.
„Deshalb haben die Leute auch alle so böse geguckt!" hat das Kind gesagt.
„Sie haben ernst geguckt!" hat der Opa das Kind verbessert. „Nicht böse!"
„Dann hat ihnen vielleicht auch die laute Musik nicht gefallen!" hat das Kind gesagt.
„Das war die Orgel!" hat die Oma gemeint. „Sie ist ein sehr teures Musikinstrument. Da haben sie sehr viel Geld ausgegeben, um die Orgel zu kaufen!"
„Aber die Musik war so laut und langweilig!" hat das Kind nur geantwortet. „Und dann haben alle etwas zu essen bekommen, nur ich nicht."

„So ist das eben im Gottesdienst!" hat der Opa gesagt.
„Da will ich auch nie mehr hin!" hat das Kind darauf geantwortet.
Da hat seine Oma das Kind ganz nachdenklich angesehen. „Du gehst doch immer mit deinen Eltern in die Kirche?" hat sie gesagt.
Das Kind hat laut lachen müssen. „Da ist auch alles ganz anders!" hat es schließlich gesagt. Und dann hat es den Großeltern vom letzten Sonntag erzählt. Da war es mit seinen Eltern in der Kirche im Gottesdienst.
Da war kein Kreuz aufgestellt, an dem Jesus hing und weinte. Dafür hing an der Wand ein großes Bild. Das Kind liebte dieses Bild sehr, denn da war Jesus zusammen mit vielen Kindern und Erwachsenen zu sehen. Und Jesus stand in der Mitte und lachte. So sehr freute er sich, daß sie heute wieder alle zu ihm gekommen waren. So hatte es auch der Pfarrer am Sonntag gesagt.
Die Orgel hatten sie gar nicht gebraucht. Greta und Martin hatten nämlich ihre Gitarren mitgebracht. Sie hatten auch alle Stühle im Kreis um den Altar aufgestellt, damit es den Leuten in der Kirche richtig gut gefallen sollte. Dann hatten sie alle zusammen ein Lied gesungen. Kein so langweiliges Lied wie heute im Gottesdienst. Nein, ein fröhliches Lied. Sie waren zu dem Lied in der Kirche herumgegangen, die Kinder und die Erwachsenen. Und dann hatten sie gesungen und gespielt. Der Pfarrer hatte ihnen eine Geschichte erzählt, und sie hatten daraus ein Spiel gemacht. Richtig schön und spannend war es gewesen.
Und später hatte der Pfarrer sie alle eingeladen, zu ihm zu kommen. Er hatte alle zur Kommunion eingeladen. Die Erwachsenen und die Kinder. Das Kind konnte gar nicht aufhören zu erzählen. So gut hatte es ihm letzten Sonntag wieder gefallen.
„Du darfst doch noch gar nicht zur Kommunion!" hat die Oma gerufen. „Du mußt doch zuerst deine Erstkommunion haben!"
„Habt ihr denn einen anderen Glauben?" hat der Opa gefragt und immer wieder seinen Kopf geschüttelt.
„Ich weiß nicht!" hat das Kind gesagt, weil es nicht verstanden hat, was der Opa gemeint hat.
„Aber bei uns ist es in der Kirche immer schön. Es sind auch viel mehr Leute da, als bei euch in der Kirche! Und alle sind gut gelaunt und froh."
Und weil die Großeltern ganz still geworden sind, sagt das Kind nach einer Weile noch: „Bei uns feiern wir immer ein Fest in der Kirche. Deshalb ist es so schön. Und Gott ist immer da!"
„Und den großen Leuten macht das auch so viel Freude?" fragte Oma schließlich. „Klar!" sagte das Kind.
„Ob wir nächsten Sonntag mal mitgehen?" hat endlich der Opa gefragt und die Oma nachdenklich angesehen.
Da hat sich das Kind so gefreut, daß es auf einem Bein bis fast nach Hause gehüpft ist. Jedenfalls bis zur nächsten Straßenecke.

• *Lied*

Viele kleine Leute

Musik: Detlev Jöcker / nach einem afrikanischen Sprichwort

Kreisspiel - *als Kehrvers gesungen:*
Zu 1: Jeder zeigt auf sich
Zu 2: Jeder zeigt auf mögliche Orte um sich herum.
Zu 3: Alle fassen sich an und gehen mit kleinen Schritten rechts im
  Kreis herum
Zu 4: Alle bleiben stehen, klatschen in die Hände, strecken sie nach
  oben und drehen sich dabei einmal um die eigene Achse.

Kreisspiel - *als Kanon gesungen:*
Die beschriebenen Bewegungen können in vier Kreisen dargestellt
werden.

*(aus MusiCassette und Liedheft „Deine Welt ist meine Welt",
im Menschenkinder Verlag, 4400 Münster)*

Aus dem Programm des  Menschenkinder Verlags

Religiöse Kinderlieder

Wir kleinen Menschenkinder
Neue Kinderlieder zum Feiern, Träumen, Beten und Danken.
MusiCassette Best.-Nr. 025-1
Buch (126 Seiten), Pappband, mit Liedern, Geschichten, Versen, Gebeten und Tips für die Praxis Best.-Nr. 025-2

Deine Welt ist meine Welt
Lieder von Menschen, Tieren und Pflanzen
MusiCassette Best.-Nr. 010-1
Liederspielheft Best.-Nr. 010-2

Heut ist ein Tag, an dem ich singen kann 1
Fröhliche und beschwingte Lieder das Jahr.
MusiCassette Best.-Nr. 001-1
Liedspielheft mit Gestaltungsvorschlägen Best.-Nr. 001-2

Heut ist ein Tag, an dem ich singen kann 2
Neue Spiel- und Glaubenslieder
MusiCassette Best.-Nr. 006-1
Liedspielheft Best.-Nr. 006-2

Solange die Erde lebt
Schöpfungsspiel und -lieder
MusiCassette Best.-Nr. 003-1
Liedspielheft mit Gestaltungsvorschlägen Best.-Nr. 003-2

Advent und Weihnachten

Kleine Kerze leuchte
Neue Lieder durch die Weihnachtszeit
MusiCassette Best.-Nr. 022-1
CD Best.-Nr. 022-4
Buch (128 Seiten), Pappband, mit Liedern, Spielen, Geschichten, Rätsel und Reime für jeden Tag im Dezember, Best.-Nr. 022-2

Kommt, wir feiern Weihnachten
Lieder, die von Symbolen und Bräuchen der schönsten Zeit im Jahr sprechen
MusiCassette Best.-Nr. 008-1
Liederspielheft Best.-Nr. 008-2

Heute leuchten alle Sterne
Lieder, Geschichten und ein Krippenspiel zur Einstimmung auf Weihnachten
MusiCassette Best.-Nr. 013-1
Liedspielheft Best.-Nr. 013-2

Weihnachten ist nicht mehr weit
Advents- und Weihnachtslieder mit fröhlichen, mitreißenden und besinnlichen Texten und Melodien
MusiCassette Best.-Nr. 005-1
Liedspielheft Best.-Nr. 005-2

Sollten Sie an ausführlichen Informationen und an unserem Gesamtprospekt interessiert sein, schicken wir Ihnen gerne unverbindlich unseren aktuellen Katalog zu.

Menschenkinder Verlag
An der Kleimannbrücke 97
D-48157 Münster
Tel. 0251/9325230 - Fax 0251/9325290

Aus dem Programm des Menschenkinder Verlags

Lern-, Spiel- und Spaßlieder

Autoren:
Rolf Krenzer, Detlev Jöcker,
Lore Kleikamp, Reinhard Bäcker,
Heinz Beckers

Lieber Herbst und lieber Winter
Neue Herbst-, Spiel-, Weihnachts- und Winterlieder für drinnen und draußen
MusiCassette Best.-Nr. 024-1
LiederSpielbuch (128 Seiten), farbig, mit Liedern, Geschichten, Rätseln, Reimen und Bastelvorschlägen
Best.-Nr. 024-2
CD Best.-Nr. 024-4

Si-Sa-Singemaus
Neue Fingerspiel-, Kniereiter-, Spiel- und Spaßlieder mit jeweils 2 Spielvorschlägen. Für die Kleinsten und Kindergartenkinder
MusiCassette Best.-Nr. 023-1
Buch (96 Seiten), farbig, Pappband, mit weiteren Versen, Spiel- und Bastelvorschlägen, Best.-Nr. 023-2
CD Best.-Nr. 023-4

Mile male mule, ich gehe in die Schule
Fröhliche und motivierende Lieder für den Schulanfang. In Zusammenarbeit mit Grundschulpädagogen.
MusiCassette Best.-Nr. 019-1
PlaybackCassette - Originalmusik ohne Gesang - Best.-Nr. 019-5
Begleitheft (64 Seiten) mit Liedern, Spielvorschlägen, praktischen Tips und Hinweisen, Lernhilfen und Spielen für die Schule
Best.-Nr. 019-2

Denkt euch nur, der Frosch war krank
14 Aktions und Spiellieder rund um die Gesundheit
MusiCassette Best.-Nr. 018-1
LiederSpielbuch (64 Seiten) mit Liedern, Spielideen, weiteren Texten, Geschichten sowie einem „Ärztlichen Ratgeber", Best.-Nr. 018-2
CD Best.-Nr. 018-4

1,2,3 im Sauseschritt
Lustige und lehrreiche Muntermacher auf einer der beliebtesten und erfolgreichsten LiederCassetten dieser Zeit.
MusiCassette Best.-Nr. 002-1
Liedspielheft mit Gestaltungsvorschlägen und fantasievollen Illustrationen
Best.-Nr. 002-2
CD Best.-Nr. 002-4

Und weiter geht's im Sauseschritt
Mit neuen, schwungvollen und mitreißenden Ohrwürmern für einen erlebnisreichen Tag.
MusiCassette Best.-Nr. 007-1
Liedspielheft mit Gestaltungsvorschlägen und liebevollen Illustrationen
Best.-Nr. 007-2
CD Best.-Nr. 007-4

Liederbücher zum Umhängen

Das Liederbuch zum Umhängen 1
100 der schönsten religiösen Kinderlieder
Liederbuch Best.-Nr. 014-2
Ab 10 Liederbücher Sonderpreis
MusiCassette zum Kennenlernen der Lieder - Alle Titel sind kurz angespielt, die erste Strophe und der Refrain - Best.-Nr. 014-1

Das Liederbuch zum Umhängen 2
Lieder von gestern und heute für Freizeit, Schule, Spiel und Spaß
Liederbuch 2 Best.-Nr. 021-2
Ab 10 Liederbücher Sonderpreis
MusiCassette zum Kennenlernen der Lieder - Alle Titel sind kurz angespielt, die erste Strophe und der Refrain - Best.-Nr. 021-1